中西生死哲學

馮滬祥 著

臺灣學生書局 印行

新版自序

拙著《中西生死哲學》，原由博揚出版社於民國89年初版，經過三版，多次列為相關大學教材，如今承學生書局再印新版，匆匆已是五個年頭。

這五年，是我生命中更多風雨交加的五年，也是對人生苦難體認更深的五年。因為，我很早就積極推動兩岸交流、促進兩岸和平，結果反而遭各種抹黑與抹紅；後來更因曾經為民喉舌，抗衡前後兩任總統，而飽受各種誣陷與圍攻；讓我對人生榮辱、甚至生死問題，有了更深更真切的領悟。

莎士比亞有句名言，對我近年來的處境，是很好的寫照：

「悲苦來訪的時候，並非以單獨的間諜身份，而是以大軍的姿態降臨。」

有位律師朋友曾經形容，我近兩年來所受的政治迫害，如同「大軍壓境」、「天羅地網」、「十面埋伏」，確實入木三分，非常傳神。

然而，曾文正公歷經人生坎坷後的名言，對我也深具勵志作用：

「凡事皆有極困極難之時，打得通的，便是好漢。」

他曾形容自己一生，所有成功，「全在受辱受挫之時」，因而自勵勵人，「能度過極困難之境，方是大英雄。」

梁任公曾評論曾文正公，「終身在拂逆之中，但都能歷千百艱阻而不挫屈，終能勇猛精進，卓絕艱苦」，因此讚佩他是「有史以來，不一二睹之大人」。其精神毅力，實在很值得效法與力行！

所以，愈在此時，愈促使我深思，面對人生各種橫逆，應如何愈挫愈勇、不屈不撓，甚至面對生死恐嚇，也能泰然自若、處變不驚。

太史公司馬遷有句名言，非常中肯：

「人固有一死，或重於泰山，或輕於鴻毛。」

因此，如何選擇自己的「死」，來自如何選擇自己的「生」；兩者一脈相承，同樣重要。要能看破生死大關，同樣有賴堅忍不拔、臨危不苟的人生觀。就此而言，人生觀，也正是人死觀。

我的生死觀，向來奉行文天祥《正氣歌》：

「人生自古誰無死，留取丹心照汗青！」

所以，無論我在人生中，遭遇了多少排山倒海的衝擊，我仍告訴自己，應該始終如一、堅持正義！並且矢志做個燈塔，不怕風吹雨打、不怕千刀萬剮，縱然心中極端孤獨，仍應挺立在晦暗的時局中，本於愛心悲心、發出光明，照亮迷津，促進兩岸和平！

這正如同莎翁所說的名言：

「愛，是亙古長明的燈塔，定睛望著風浪，本身屹立不動。」

印度詩哲泰戈爾也形容得很好：

「生，如夏花之絢爛，死，如秋葉之靜美。」

的確，生與死，各有其優美寧靜的一面；只要能經由靜心的沉思，自行做出抉擇，就能心安理得；正如陽明先生臨終前悠然所說，「此心光明，夫復何言？」

事實上，大詩人李白，很早就以其超拔世俗的精神，怡然指出：

「生者為過客，死者為歸人。」

正因李白深具豁達的道家式胸懷，所以能將人生看成旅行，人死看成歸根。因而在歷盡滄桑之後，能看破「自古聖賢多寂寞」，而在《將進酒》中慨然的寫道，「唯有飲者留其名」。

只是，畢竟在我的血液裡，仍以儒家的入世精神為主，心中仍有按捺不住的救民救國衝動，仍以孟子所說「捨生而取義」為典範，所以生平非常嚮往仗義行俠的精神，樂於打抱不平；並且，明知山有虎，偏向虎山行，成為我不可救藥的個性。

個性當然影響命運，因此，我在近年來的人生旅程，必然飽受各種誣陷與冤屈，但心中卻覺得求仁得仁，無怨無悔。更況，自己立志為仁而生，若有機會為義而死，心中也深感榮幸。這正如文天祥所說：「孔曰成仁，孟云取義」，我向來以此做為榜樣，進而領悟「唯其義盡，所以仁至」，所以提醒自己，要能「而今而後，庶幾無愧！」

在這悲苦患難的歲月中，我用反省惕勵的心情，效法太史公的精神，化悲憤為力量，因此在兩年之內，寫成四本新著《忍辱》、《愈挫才能愈勇》，《生氣不如爭氣》，《悲憤不如發憤》。若問寫作的動力，正是在受挫受辱中，將天羅地網的外在壓力，秉承頂天立地的正氣，化為不屈不撓的內在動力！

人生榮辱問題推到了極致，便是更深的終極問題—生死問題。所以，我在瞭解本書三版已將賣完之際，再商請學生書局承印新版，以便更多讀者能從更深沉的心靈角度，省思人生的榮辱問題與生死問題，從而建立更堅定、也更光明的人生觀與人死觀。

藉此新版機會，我要向所有愛護我的支持者，特別深深鞠躬，表示由衷的感激之忱！同時也對學生書局的承印、以及博陽出版社的胸襟，共同表示謝意。如果本書能為迷惘的人心，昏暗的時局，略盡棉薄之力，發揮微薄的參考作用，將是我很大的榮幸。

是為新版自序。

馮滬祥

抗戰勝利六十週年紀念

民國九十四年九月三日

中西生死哲學格言

● 不知生，焉知死？ ——孔子《論語》

● 仁人志士，無存生以害仁，有殺身以成仁。 ——孔子《論語，衛靈公》

● 死生有命，富貴在天。 ——子夏《論語》

● 夭壽不貳，修身以俟之，所以立命也。 ——孟子《盡心篇》

● 生，我所欲也，義，亦我所欲也；二者不可得兼，舍生而取義者也。 ——孟子《告子篇》

● 生，人之始也；死，人之終也；終始俱善，人道畢矣。 ——荀子《正名篇》

● 強梁者，不得其死，吾將以爲教父。 ——老子《道德經》

● 不失其所者久，死而不亡者壽。 ——老子《道德經》

● 死生，命也。其有夜旦之常，天也。人之有所不得與，皆物之情也。 ——莊子《大宗師》

● 孰知死生存亡之一體者，吾與之爲友矣。 ——莊子《大宗師》

● 有生者必有死，有始者必有終，自然之道也。 ——揚雄《法言》

● 人受天所賦許多道理，自然完具無欠缺。須盡得這道理無欠缺，到那死時，乃是生理已盡，安于死而無愧。 ——朱子《語類》

● 人生自古誰無死？留取丹心照汗青！ ——文天祥《正氣歌》

● 病中磨練功夫；常快活，便是功夫。 ——王陽明《傳習錄》

● 人于生死念頭，本從生身命根上帶來，故不易去。若于此處見得破，透得過，此心全體方是流行無礙，方是盡性至命之學。 ——王陽明《傳習錄》

●非於生死外，別有佛法。

——憨山大師《夢遊集》

●生之與死，成之與敗，皆理勢之必有，相爲圜轉而不可測者也。

——王船山《讀通鑑論》

●我不肯背義而屈服于任何人，我不怕死，寧死不屈！

——蘇格拉底《柏拉圖，自辯篇》

●稍有價值的人，不會只計較生命的安危，他唯一顧慮的，只在于行爲之是非善惡。

——蘇格拉底《柏拉圖，自辯篇》

●哲學是死亡的練習。

——柏拉圖《斐多篇》

●我們應該盡力使我們自己不朽。

——亞里士多德《倫理學》

●長的生命不一定比短的生命好，除非其他事情是相等的。

——亞里士多德《倫理學》

●生命的價值並不在于它的長短，而在于我們怎麼樣利用它。

——蒙太涅，貝珍森《蒙太涅其人》

●與其愚蠢而軟弱地視死亡爲恐怖，倒不如冷靜地看待死亡——把它當作人生必不可免的歸宿。

——培根《隨筆選，論死亡》

●無需乎「事功」，單有信仰就能釋罪，給人自由和拯救。——馬丁．路德《論基督徒的自由》

●想得越多，做得越多，你就活得越久。

——康德《實用人類學》

●我的使命就是論證眞理……我爲眞理而死於職守。

——康德《實用人類學》

●任何人都要死，自然的死亡是一種絕對的法律，但這是自然對人所執行的法律。

——黑格爾《哲學史講演錄》

●我們無所懼於死亡，正如太陽無所畏於黑夜一樣。

——叔本華《作爲意志和表象之世界》

● 當你們死，你們的精神和道德，當輝燦如落霞之環，照耀著世界；否則你們的死是失敗的。

——尼采《查拉圖斯特拉如是說》

● 我示你們以成就之死，那對於生者是一個刺激和一個期許。——尼采《查拉圖斯特拉如是說》

● 學習如何去生，和學習如何去死，實際上是一回事。

——雅士培《哲學・序言》

自序

眾所週知，人生有兩件大事，一是婚姻大事，一是生死大事。無論古今中外，一般研究婚姻的人很多，但公開討論生死的卻很少，甚至一直非常忌諱。然而，忌諱歸忌諱，但它畢竟是每個人、每個家庭，終究會碰到的重大問題。因此，如何面對這個問題，加以超越？如何面對這項痛苦，加以跳脫？如何面對這項挑戰，用積極與建設性的看法，加以看待？換言之，如何對其看得開、看得透？這些都成爲普世眾生共同的嚴肅課題。

此所以中國哲人，無論儒家、道家或佛家，均曾針對生死問題，闡述他們看法。儒家一方面承認「死生有命」，但也強調「不知生，焉知死？」，他以此提醒世人，應把重點放在現世的努力；孟子所謂「夭壽不貳，修身以俟之，所以立命也」，最能突顯這種人文精神。道家莊子雖明言「死生命也」，但也強調應用平等心看待生死，因爲「生死如一」，最能突顯超越精神；他們均針對生死問題，提供了重大參考價值。

佛教憨山大師在《夢遊集》裡，更曾明白強調，佛祖出世，最重要的第一大事，就是特別爲「生死大事」開示而已。佛教以「生死大事」爲最重要大事，可見其對人生這項痛苦重視的程度。因而，無論從誦經、助念或撫慰家屬來看，佛教均具有重大影響與功效。

同樣情形，西方哲人面對「生死問題」，更是非常認眞而深入的探索，並且極具多元性與多樣性，可說到達了「百家爭鳴」的程度。

此所以柏拉圖（Plato）曾經明白強調，人生目的在求眞善美，但永恆的眞善美，只有在死亡之後，因此，「哲學就是對死亡的練習」。他並主張靈魂不死論，其學生亞里斯多德（Aristotle）雖然否認靈魂不死，但也肯定「神聖理性不死」，並強調「我們應盡力過理性生活，使自己不朽」。

到了康德（I.Kant）採折衷說，認爲靈魂不死雖然「沒有邏輯的確定性」，卻有「道德的確定性與必要性」。因而他提倡，精神愈用而愈出的道理，「想得越多，做得越多，就活的越久」。在黑格爾（Hegel）更是直言「死亡是一種揚棄」。存在主義者海格德（Heidgger）則明言，人生觀即人死觀，人生既然注定是「邁向死亡的存有」，因此，如何能在平日盡心盡責，才是面對生死最好的態度。

凡此種種，均可看出，中西哲人對「生死」問題，不約而同都視爲人生重大的根本問題，因而均曾殫精竭智的對此深思與討論。

到了當代，因爲醫學發達，「臨終關懷」更成爲普世關心的問題，如何「生有尊嚴，死也有尊嚴」，也成爲超越國界的共同課題。因此，像芝加哥大學蘿絲教授（E.Ross）的「生死學」名著已經成爲經典之作。她認爲，死亡也是人生的一種「成長」（growth），更具積極性與建設性。她經過臨床統計的心得，將臨終心理分成五階段（「否認」、「生氣」、「協商」、「沮喪」、「接受」），更已成爲心理輔導終極關懷的重要根據。

隨著這種普世共同關心的熱潮，西方人士也越來越重視「對臨終者應該如何安其心？」「死後是否有靈？」「人生是否有因果輪迴？」等課題。因此，如耶魯大學魏斯博士（W.Weiss）的《前世今生》（Many Lives, Many Masters），以及根據地藏經而成的《西藏生死書》（The Tibetean Book of Death）等等，均成爲世界性暢銷書。由此可知人心所向，對生死問題，已成爲共同關心的焦點。

綜合上述種種新趨勢，筆者懔於生死問題的重要性，因此在針對婚姻問題完成《兩性之哲學》後，針對人生另外一項大事——生死問題，近年也蒐集中西各種資料，重新整理申論，並在國立中央大學陸續講授，進而寫成《中西生死哲學》，尚請各界高明批評指正。

本書的結構，在綜合中西方文學界、哲學界與宗教界的生死觀，並用比較研究的方法，進行分析與討論。因此，基本分章如後：

第一章　總論生死問題的重要性。
第二章　從西方文學作品看生死觀。
第三章　從世界主要宗教看生死觀。
第四章　從西方各代大哲看生死觀。
第五章　從中國儒家先哲看生死觀。
第六章　從中國道家與道教看生死觀。

第七章 從佛教經典與故事看生死觀。

筆者在本書即將成稿時，正逢公元二〇〇〇年暑假，因爲總膽管腫瘤生病，兩次住院，西醫認爲可能轉成癌症，極力主張動大手術、開胸剖腹，並且明言恐有生命危險。筆者心情當時立刻面臨了空前的衝擊與挑戰，面對生死永隔、天人一線的邊緣情境，心中種種眞切的感受與省思，更非筆墨所能形容。尤其面對可能失去親人及家庭的痛苦，以及很多重大使命仍未完成的遺憾，心中更有種種激盪與矛盾。經由這場大病，更能深刻體認生死問題的嚴重性與影響性。

當時，筆者在六月聽到醫生說明病情、生死仍然未卜之際，曾經本能想到孔子的眞實經歷。孔子困於匡時，突遭危難，生死未卜，當時也是險象重重。很多弟子都很擔心，但孔子卻強調，上天生他就是賦予文化使命，盼他能傳承文化生命，因此，除非上天要中斷這文化命脈，否則他怎麼會有危險呢？此即孔子所謂：「天之未喪斯文也，匡人其如予何？」

筆者在此未敢刻意攀附孔子，而是心中確曾念及，兩岸關係因雙方正式管道中斷，主要仍靠筆者主持的「兩岸人民服務中心」，爲兩岸同胞解除痛苦；這也是台灣所有各黨派民意代表中，唯一設立的兩岸服務中心——包括救回台灣的「新華輪」、救出大陸的「銀鷺號」、挽救台商「間諜案的生命、幫助大陸同胞急難奔喪、以及送回大陸漁民與偷渡客，前後共一千六百多人，讓他們能回家團圓，並幫助兩千多位台商免於痛苦與牢獄之災……等等，凡此種種重要工作，苦因我的病倒，而無法繼續，將是多麼令人遺憾的事情！因此，筆者當時心中感覺，除非上天要中斷這種兩岸人道的救助橋樑，否則我也應該能夠平安脫險。

憑著這股信念，我仍然在七月份上旬，抱著重病，率領新黨的立院黨團訪問團，到北京與上海，力疾從公。當時每天白天忙著開會、晚上則吃中藥補充體力，此情此景，迄今仍然歷歷在目。

透過那次訪問，開啓了台灣各在野政黨認同九二年「一個中國原則」共識的基礎，也穩住了兩岸今後繼續發展的基石。

如今，筆者幸經兩岸中西名醫合診，先用中醫穩住病情，讓腫瘤變小，再用西醫電療，加以清除，終能渡過生死難關，重獲平安健康；因而更感有責任全力完成本書，將個人心得與各種感想貢獻出來，提供各界參考。

筆者在病中，曾經鄭重發心立願，若能康復，今後必定爲兩岸的交流、和解與合作，更加盡心盡力，做爲終身努力的志業！如今幸能轉危爲安，今後自必矢志奉獻此生，爲此大業鞠躬盡瘁，不到成功，絕不中止！

唯因筆者才疏學淺，能力有限，且因病後仍待休養，加上民代工作仍很繁重，所以本書相信仍多粗略之處，尚請各界高明多予賜教，不勝感激！

本書的出版，承蒙大陸的北京大學出版社，以及台灣的博揚出版社，分別在兩岸費心出版，謹此特表由衷謝忱；並希望經由類似的文化學術交流，能夠促進今後兩岸關係，邁向更符合人性與人道的良性互動！

是爲自序。

馮滬祥

公元二千年，孫中山先生誕辰紀念日

再版序

拙著《中西生死哲學》在民國九十年三月初出版，未到三星期，在三月底即已出售一空，刷新了學術性著作的空前紀錄。筆者在此首先要向廣大讀者，獻上由衷的謝忱。

當然，本書能夠很快的暢銷一空——中南部很多書店甚至還來不及上架，第一版即已賣完——並非筆者有什麼特別本領，而是充分證明，民眾對生死問題的普遍重視與關心。

因此，筆者願意藉此再版之際，呼籲政府當局及社會各界，都能夠共同重視臨終關懷與生死大事，俾能更加增進生命的尊嚴，並提升人文的價值。

筆者在本書初版之際，曾經在立法院舉行新書發表會，承蒙新聞界與各方朋友光臨，其中應邀參加的來賓，有立法院王金平院長（國民黨副主席）、李慶安委員（親民黨）、施明德委員（民進黨前主席）、謝啓大委員（新黨召集人），加上親民黨主席宋楚瑜特派代表張光錦將軍，形成難得的盛況。當時政治人物各談生死經驗，也對社會提供了重要的省思參考。

在該次新書發表會中，王金平院長暢談其綜合佛家與儒家的生死觀，展現其公務繁忙中，極爲難得表露的內心世界。施明德主席則根據其多次生死經驗，認爲人對本身的「生」雖無法參與，但對「死」則應參與，展現其雋永而又瀟脫的一面。而李慶安委員則因談起當時母親重病，情不自禁的飲泣，認爲生死經驗，最痛苦的原因，即面對離別而不捨，的確發人深省。筆者簡介本書時，也因談到先室的生死經驗，同樣悲從中來，一度哽咽。凡此種種，充分可見，無分黨派、性別與背景，談到生死，大家都最能展露人性中的眞性情，並能共同揮去俗務、洗滌心靈。

本書除了政界之外，多家電台電視的社會節目與文教節目，也都曾經紛紛介紹本書，報章雜誌與專欄作家，並曾廣爲引介。更多的讀者也紛紛來函，充分證明引起了社會初步的共鳴。深盼本書的再版，能再引起教育界與宗教界的重視，產生更大的社會愛心與人文關懷，藉以促使社會大眾更能超越生死、提升靈性。

本書能夠完成，首先應感謝內人彭業萍，在我去年重病中，充滿細心的照顧與看護，在我病癒後，並耳提面命的叮嚀飲食，才能身體逐漸恢復健康，得以完成本書；另外，也應特別感謝母親的費心與苦心，經常做些從小就熟悉的菜餚，藉以調劑胃口、舒坦身心。此外，幸經三個女兒復華、國華與馮文的輪流照料，成爲精神上不可或缺的力量。除此之外，小兒安華的伶俐可愛、與天眞活潑，也爲我在病中帶來很多樂趣，更堅定了應該戰勝病魔的決心。

相信，這種珍惜親情的普世共同心境，正是每個人都應該堅持的生命原動力。憑藉著這份精神毅力，才能更加奮鬥上進、樂觀努力、克服一切病痛！

筆者在去年總膽管的腫瘤電療手術中，曾經引發急性胰臟炎，並有生命危險。當時疼痛程度，每六小時需打一次嗎啡，並且徹底斷食十天，才逐漸痊癒。在斷食期間，各種感官反而特別靈敏。有一次在劇痛之中，我傾聽貝多芬交響樂「快樂頌」，在悠揚的音樂陪伴中，筆者首次領略特殊的神遊經驗。當時神智仍很清楚，自感彷彿靈魂出竅，神遊於高空之上，翱翔於四海之外；時而可以俯視名山大川，時而可以流覽萬物奇觀；時而奔馳群山之間、眾山均在腳下，時而攀昇眾雲之上、彩雲都在身邊；那時並且深感滿天金光燦爛，精神上足以縱橫馳騁、上天下地，意念所至，無遠弗屆！直感靈魂足以冥同宇宙大化，融入充滿雄偉奇景的宇宙生命之中！

當時情景，眞正很像莊子所説「逍遙遊」中的大鵬鳥——摶扶搖而直上太空，直接能感受一層又一層上昇的境界，當時提神太虛，俯視大地，看到的正是一座又一座高聳入雲的高山峻嶺，自感生命充滿眞力，勁氣充周、酣暢飽滿；因而可以御風而行，行神如空、行氣如虹！那時心中小我，已經充份融入宇宙大化生命之流，上下與天地同其流，所以自覺精神不但可以瀰綸天地，飽覽宇宙各種絢麗萬象，欣賞宇宙勁健雄渾之美，同樣可以馳情入幻，橫跨群峰，獨與天地精神相往來！其中的神奇奧妙，眞正體認到莊子所説「天地與我並生，萬物與我合一」的意境；也正如同貝多芬「快樂頌」的最高境界，用一切音樂無法表達時，只能用男女渾聲的大合唱，昂首唱出對宇宙的欣賞讚嘆至誠！那時，世俗間一切名利、得失、榮辱、權位、紛爭，均已拋到九霄雲外，心中所存的，只有至精至誠、至大至公的生命眞情！

這種情景，在我看到出版社提供封面時，心中猛然一驚。因爲，封面上的畫面，正是筆者當時神遊高空所見的情景！冥冥之中，這封面彷彿用現代的筆墨意境，爲我當時的靈魂出竅神遊，作了最寫實的見證！當時「乘雲氣，踏日月，遊乎四海之外」的奇景，精神上可以任意遨遊於山川星辰之間的領悟，再次湧向心頭！這是永恆的眞景？還是太虛的幻境？在超自然的靈學中，確實深值研究，此中神秘經驗，更值進一步的討論；故特謹此存證，以供各界高明參考。

是爲再版自序。

馮滬祥

二〇〇二年五月母親節

目錄

第一章

生死之際的教育意義

第一節 面對生死的正面意義：「因應挑戰」與「終極成長」

本節內容，重點在申論三位代表性的名學者，透過他（她）們的研究心得，說明面對生死，應有如何的正面意義。這三位學者就是美國文學家艾略特（T. S. Elliot）、英國史學家湯恩比（Toynbee），以及美國生死學家蘿絲（E. Ross）。

第一位是艾略特，在一九九五年即曾強調：「死亡教育和性教育是同樣重要的大事。」因為這兩者都是人生大事——性生活當然是人生大事，而面對死亡，也同樣是人生大事。只是中國傳統上對此兩者，多避諱不談，一方面對性不談、不研究、不分析，只由自己摸索；對死亡亦復如此，認為談死亡不吉利。所以，這兩者有相當多的相同地方：都很重要，但都避諱去談。

若對這兩者都不談，但仍可以處理的很好，也就罷了；可是若不談，又處理得很糟的話，就會嚴重影響生活品質。如果對性不了解，會影響性生活品質，也會影響婚姻的品質，乃至影響兩性相處的各種問題。若對死亡問題避而不談，但遲早都會面臨，到時就會慌亂、手足無所措，對本身或對親人的死亡，會失去很多正確而且人道的處理機會。

因為，死亡如生死學家蘿絲所說：

「死如同生一樣，是人類存在、成長及發展的一部分。」(一)

「它是我們生命整體的一部分，它賦予人類存在的意義。它給我們今生的時間規定界線，催迫我們在我們能夠使用的那段時間裡，做一番創造性的事業」(2)

因此，從正面的積極意義來看，死亡的意義可說就是「成長的最後階段」，也就是說「你是什麼，以及你所作為的一切，都在你的死亡中達到了最高潮。」(3)

所以，上述艾略特所說，雖然只是簡單的感慨，但背後有許多應該嚴肅面對的課題。這正如同以前不知環保問題，便對環保沒有認識；不知保護弱勢，便不談殘障人士、不顧弱勢團體、不顧婦女痛苦等等。凡此種種，在今後新的文明時代，都是該要嚴肅面對的課題。

因此，在展望今後新紀元的新思維潮流下，對於生死的問題，我們也應同樣鄭重面對，做為應用哲學的重要課題。

另外，應該分析的學者，則是著名歷史學者湯恩比（Toynbee），他也有同樣感觸，所以從歷史學家的角度來看死亡，強調「死亡的哀苦是一種雙人的感受，雙人的事件。」如果死亡只是一個人的事，那不懂也罷了。但死亡起碼是兩個人的事，如果已經成人了，有了婚姻，而不知如何面對死亡，就會眼睜睜的看著配偶哀苦無助，不知如何正確地照顧配偶，這當然是嚴重失職。

一個人如果沒有婚姻，但總有父母，如果父母面臨死亡，那要如何溫馨的撫慰父母，使他（她）們能安心的過世，所有子女均應有責任，具備這方面知識。所以，「死亡」的確是兩個人互動的事，更可能是三代都相關的事。

例如，如何教導小孩正確認識死亡，不要讓他從小就矇上陰影，也是很重要的成長教育。所以，湯恩比首先提到：「死亡的哀苦，是雙人的感受」，的確非常發人省思。

因此，面對死亡挑戰，人們如何正確的回應，也正是湯恩比著名理論「挑戰與回應」（challenge and response）的重要一環。針對如何回應死亡挑戰，起碼有三種問題應該思考妥當。

此即蘿絲教授所提醒：

「在你臨死之時，如果你有幸事先獲得了警告，你就得到了成長的最後機層，更眞實地成爲你自己的機會，更圓滿地作一個人的機會。」（4）

同時，蘿絲進一步提醒世人：

「想一想你自己的死罷。你付出了多少時間與精力去考察你對自己死亡的感覺、信念、希望、與恐懼？假使有人告訴你，你的生命有了期限，你會怎麼樣呢？那會不會改變你目前的生活方式呢？有沒有一些事情你覺得必須在去世以前去作的呢？你是否怕死呢？你能不能指出害怕的根源呢？」（5）

提出這連串的問題後，蘿絲更具體的指出：

「想一想你所愛的一個人的死。如果你所愛的一個人要死，你要跟他說些什麼呢？你將如何跟他共度那段光陰呢？你能否應付一個親人死亡之一切法律細節呢？你跟家人談論過死亡或臨終的問題嗎？你是否覺得有些情感方面的或實際方面的事情，需要在你的或你的父母，子女，兄弟或姊妹死亡之前，跟他們詳細計畫一番呢？」(6)

凡此種種問題，都是每一個人、每一個家庭必定會碰到的問題，實應及早討論，才能避免日後後悔莫及。

著名的經濟學家，康乃爾大學教授劉大中，得知患了癌症後，便與他的太太相約一起自殺，他兩人約定「雖然不能同年同月同日生，但望同年同月同日死」，成爲康乃爾校園一大新聞。

因爲，面對生死關頭，他自己知道已經沒希望，剩下妻子，她可能會更痛苦，所以兩人同意一起往生。是否值得，固然見仁見智，是哲學性的問題，但此中有深意，不能只當作是一則新聞而已。

當時很多人奇怪，何以會如此，這就是劉教授面對生死，經過思考後的抉擇。很多痛苦的癌症患者，本人都希望早點結束痛苦，家人雖然不忍心，但也都很矛盾，這也是所謂的「安樂死」問題。現在癌症已經是台灣的十大死亡原因第一名，這是非常值得大家正視的課題。

尤其，面對這種痛苦情形，家人該怎麼因應？如何「回應」這種嚴峻的挑戰呢？家人的心理應該如何調適？這都已經成爲一門學問，若是處理的很魯莽、無知，將會產生很深遠的傷害。

除此之外，蘿教授絲也有同樣看法，她說：「很多人誤以爲死亡是一種威脅（threat）；其實不然，死亡是一種挑戰。」她不約而同的呼應湯恩比的「挑戰與回應說」。而且，這是一種人人會碰到的挑戰，你不可能讓它不挑戰你，重要的是如何能有力、有效的回應。美國〈獨立宣言〉講：「人人生而平等」，其實從哲學的角度而言，人人並沒有真的「生而平等」，反而是「死而平等」；因爲每個人都會死，每個人死的時候都只能帶走一副棺材，無論多大權位、多少財富，都只成空，這才算真正的平等。

因此，人要如何面對這種挑戰，如何有尊嚴的回應？這就是生死學的重要意義所在。每個人面對這個挑戰，是否有正確的態度，並能高明地因應，已經成爲生死學的重要課題。如同每個國家都會面臨挑戰，若能回應得好，國家就能生存發展，如果回應不好，國家就會滅亡。

此所以蘿絲曾經強調：

「成長是人的生活方式，死亡是人類發展的最後階段。若要每天活得都有價值，而不只是走進預期的死亡時刻，我們就必須面對並接受我們自己不可避免的死亡。我們要讓死亡爲我們的生命提供一個環境，因爲生命的意義及成長的關鍵，即在於死亡。」(7)

另外，蘿絲也曾分析：

「如果你能開始把死亡看作生命旅程中一位無形而友好的伴侶——它溫和地提醒你，不要等到明天才去作你想作的事——那麼你就能學習「活」出你的生命，而不只是通過它。」(8)

因此，面對死亡本身，或親人死亡，如果能處理的很好，可以提昇生命格局，化悲傷爲動力，本身更能成長；如果處理不好，全家都會被愁雲慘霧困住，缺乏任何成長，更無法凝聚力量，克服痛苦。

因此，蘿絲提醒世人：

「成長可以在意想不到的方式下到來：可以來自我們生命中經驗的任一角落和縫隙。在死亡及哀悼中，與其說我們需要逃避痛苦經驗，不如說我們需要勇氣去面對它們。與其說我們需要平靜，不如說我們需要克服痛苦的力量。如果我們選擇愛，我們也就必須具備哀傷的勇氣。」(9)

另外，蘿絲並曾根據豐富的臨床經驗，指出：

「我們所認識的最美好的人，乃是那些遭過失敗，受過痛苦，經歷過奮鬥，遭受過損失，以及從苦難的深處找到他們路子的人。這些人對於生命具有了解與敏感，因而待人接物，充滿了同情，溫柔，和深切的愛。美好的人不是從天上掉下來的。」(10)

然而，她也同時提出警訊：

「但是你不需要，也不應當，等到死神來敲門的時候，才開始眞眞實實地生活。」……「在你去世之前，無論使你生命更有意義的那些事情是什麼，現在就去作罷，因爲你正在走向墳墓；當你接獲最後的通知時，你可能沒有時間與精力了。」(11)

換句話說，根據蘿絲看法，以及從生死經驗中所獲寶貴的教訓，只有在平日心中有準備，將死亡視爲生命成長的一部分，才能獲得「雙贏」——既讓生命更有意義，也讓死亡從壞事變好事。此種深刻哲理，是她透過很多臨終病人所得的經驗，也可說是用很多生命換來的寶貴經驗，深值人們重視與力行。

根據美聯社上海電（2000.08.31，見次日〈聯合報〉），上海有位癌症病人陸幼青，上網公開死亡日記，寫下自己的憂慮和失落感，每天吸引成千上萬的網友觀看，他接受訪問時說：「我希望能喚起社會對癌症病人的關懷和愛心，我認爲自己有責任說出來。」正因爲有這種責任與使命感，使他本人振作的活起來，「並未退縮到隱密處等死」，反而面對挑戰，積極喚起了社會的關心與愛心，他的生命也真正得到了成長。

陸太太並說：「許多人都覺得很奇怪，他怎麼能活得這麼久，因爲有他的意志力撐著，我們才能走得這麼遠。我想，他現在活得的每一天，都是賺來的。」這段話便很寫實的說明，精神意志力對臨終病人非常可貴，不但可以支撐自己，更能領悟真正成長，尤其能夠光照他人，此種啓發，的確深值重視。

第二節　幫助臨終者精神平復

在這一節裡，我們首先要分析蘿絲教授於一九六九年所提出的「五階段論」。蘿絲教授原任教於芝加哥大學附屬醫院，她根據兩百多項臨終者的臨床研究，歸納出臨終病人通常在心理上有五個階段的心路歷程。當一個人知道自己面臨人生終結、無法醫治時，有後列五種態度：第一個是「否認」（denial）和「孤離」（isolation）；第二個是「憤怒」（angry）；第三個是「磋商」（bargain）；第四個是「憂鬱」（depression）；第五個是「接受」（acceptance）。

此即她在成名作《論瀕臨死亡與死亡》（On Death & Dying）中所說：

「在我們的研究裡，我們發現瀕死病人經過五個連續階段的反應，而否認（deny）就是第一個。這種反應是有重要功用的，因為它可使病人鎮靜自己，而且隨著時間，動用其他比較不根本的防禦。否認甚至會導致忿怒（anger）：「為什麼是我？」憤怒接著就是磋商（bargaining），這常是一種無形的戰爭，以延緩死亡宣告的執行。磋商期過後，病人常沈入深度的憂鬱（depression）。這階段也有積極的一面，因為，病人正在衡量死亡的恐怖代價，同時準備去接受一切及他所愛之人的喪失。第五也是最後的時期就是接受（acceptance），這時病人屈服於他的死亡宣告。」（12）

為什麼蘿絲教授特別注重瀕臨死亡的臨床經驗研究呢？因為她認為，人類面臨這種生死大關，最能對生命悟出重要哲理，進而產生重要啓發。所以她說：

「唯有能面對『瀕死』、『死亡』和它們帶來的事實，我們才能幫助瀕死的病人和家屬，使他們能面對，而且妥善處理這人生最終和必經的大事。」(13)

在她來看，「瀕死者才能教導生者」(14)，而且「我認為瀕死病人比任何人都強，能教導我們有關生命末期的焦慮、恐懼和希望。」(15)

因此，她特別花費很多心力，經過很多挫折之後，完成了對瀕死者的研究。她強調其希望：

「我們的希望是：本書能夠鼓勵別人，不要從『無望的』病人撤退，反而要更去接近他們，因為在他們最後的時刻裡，別人是能給他們很大幫助的。」(16)

根據蘿絲研究，死亡仍舊是很多人忌諱說的問題，以致一旦發生，經常手足無措，導致無法因應，更無法從中獲取教育意義：

「死亡仍舊是恐懼、嚇人的事情，而且死亡的恐懼是全球性的恐懼，儘管我們認為我們已經在許多層次上控制了它。改變了的是：我們應付及處理死亡和瀕死，以及我們的瀕死病人的方法。」(17)

因此，蘿絲教授才鍥而不捨地研究此一冷門但很重要的課題，進而歸納多年臨床經驗，提出五種臨終者的心理階段。

病人在進入這五種階段之前，還有需要討論的前提是：如果病人得到癌症，要不要告訴病人？或如果明知無法治癒，只是拖時間而已，要不要告訴病人？如果要告訴病人，那如何告訴呢？對這種「是否」（weather）、「如何」（how）與「為何」（why）的問題，都應仔細分析。(18)

首先，第一項，對於「是否」應告訴病人的問題，根據兩位學者專家的調查，絕大多數的病人都希望知道真相，多數本人的主觀意願，都需要能知道真相，不希望被矇在鼓裡。

根據費非教授（Feifel）於一九六三年所做的問卷顯示：百分之八十三的病人希望知道真相，並不希望模模糊糊；另外，卡士柏（Kasper）早於一九五九年也曾做過一份重要的問卷，指出百分之七十七到百分之八十九病人都想要知道真相，所以兩人重疊的結論：病人中大概是百分之八十三、左右，均盼告知他們真相。

可能很多人會覺得病人已經這麼虛弱了，不宜讓他們知道；但從專業的調查，病人是想知道的。很多情形是，剛開始病人有所懷疑，自己心裡會有懷疑性的認知，但很矛盾，家人也很矛盾，欲語又止，深怕再傷害病人。有的是病人心裡很清楚，家人也知道他心裡很清楚，但是大家都不明講，這叫做「相互偽裝期」。

所以，第二，對於「如何告訴病人」，應該注意的是，要用充滿同情、體諒、支持的態度，緩緩告知，不是以冷冰冰、很突兀的態度。最重要的，應讓病人知道，他不是孤獨的、不是被遺棄、被嫌棄的。另外，也要看時機、氣氛及病人的心情，決定怎麼講。

此即是蘿絲教授所說：

「醫生用什麼方式把眞相告訴病人，這是十分重要的。最好的方法是當面告訴病人，而不要在電話裡告訴，並且要讓病人有時間說出自己的感受並提出一些問題。」(19)

「如果可能的話，醫生最好逐漸使病人作一些心理準備，譬如，先告訴病人，他患的可能是癌症，同時也提示他，萬一是癌症的話，應當採用怎樣的治療方法。病人願意確知，他們的醫生將不會放棄他們。」(20)

如上所述，有百分之八十以上的病人，其實仍想知道，即使心中原先有所顧忌的病人，最終仍想知道；因此，該如何讓他知道，這中間便須很有技巧，應講究方法。

首先，應循序漸進，不能猛然告知；因爲，已經是病人了，已經很衰弱，如果直接說出來，難以預料其心中反應，必定會有壞處。所以，應先旁敲側擊、先用暗示的方法，使他心中先有所準備；等到一定程度、時間之後，逐漸揭開真相，最好讓病人自己問，這樣他接受的可能性才大。

當然，有時候也不一定要完全說破，因爲有些人的心理，希望知道真相，但又不願意很明確地知道；所以，有時或許點到爲止、適可而止，反而更好。總結來講，方法並非一成不變，仍要看病人情況而定。

這正如同很多男生在談戀愛的時候，很喜歡問女生「妳從前有幾個男朋友？」有些甚至會問「妳是不是處女？」。根據問卷調查，有百分之八十以上的男生很想要知道，問題是如果女生真的告訴他「不是」，他以後心中經常會有陰影，甚至隨時會翻舊帳，通常此種心理是很矛盾的。寧可用暗示「像我這麼漂亮，這麼會沒有男朋友呢？怎麼會只有你一人呢？」等等，仍然要有技巧。

根據心理專家的意見，類似這種問題，不用全部講明；因爲人性有弱點和矛盾，又想知道真相，但又受不了真相，因而頂多只用籠統暗示即可。對於有些臨終的病人，情形亦復如此，頂多讓他心理已經曉得，但對最後一句話，不必由你來講，由他來問即可。當他詢問時，你沒有明確的否認，他自己就很清楚了。因爲他那時候，已經不是正常的體力、正常的精神，不能赤裸裸的揭示。試想，連正常的人乍聽之後，都會受到打擊，更何況是病人？

第三，對於「爲什麼要告訴病人」，根據蘿絲教授看法：

「當病人病的很厲害的時候，他常常被認爲是沒有表示意見的權利的人。通常，病人是否住院、何時住院或住在何處等等，是由別人決定的。我們很少記著病人也有感覺，也有願望及意見，而且——最重要的——有說話被聽的權利。」(21)

所以，尊重病人的意見，傾聽病人的聲音、尊重病人的選擇，成爲現代醫學觀念中的重要共識。這種共識被認爲更人道、更尊重病人應有的權利——特別是「知」的權利。

另外，病人如何處理自己死亡，以及如何料理先前各種事務，都被認爲應給其充分的尊重；因此，醫生與家人自然需要讓其瞭解本身的病情。

這時，醫生與病人的態度便很重要，要能有「並肩作戰」的準備。此即蘿絲所說：

「如果一位醫生能自在地和他的病人談到惡性腫瘤的診斷，而不把它當成即將來臨的死亡（impending death），那麼他就對這病人做了一大善事。他同時應該把希望之門打開；也就是說：新的藥品和治療方法，新的技術和研究機會。最重要的事乃是：他要讓病人知道，並非一切都完了；他不會因爲某一個診斷，而把他（病人）放棄；這是一場他們（病人、家屬和醫師）要並肩作戰的戰爭——不管結果如何。」（22）

「這樣子，病人就不會恐懼孤立、欺騙和被放棄，而會對醫師的誠實繼續擁有信心，而且知道如果還有什麼事可以做的話，他們將會一齊去做的。這種方法也同樣能使家屬安心，他們在這個時候，通常覺得萬分無能。這些大部分要依靠醫生的語言或非語言的保證（verbal or nonverbal assurance）他們知道任何可能的事都會被做到，即使不能延長生命，至少要減少受苦，這樣子他們就會受到鼓舞了。」（23）

即使如此，應該再強調的是：不能勉強病人接受，如果病人生平就很難接受打擊，或他身體實

在很弱、心情很憤世，不能承受打擊，那仍然不要告訴他。用卡洛的兩句話來總結：「應該坦白而不悲觀，誠實而不否定。」(24)

當然，如果醫生與親人盡了各種心力，仍然無法挽回病情，並且如果更見痛苦，到了「寧可死，不願病」的地步，那麼即使在醫學觀點也同意，應從宗教面，幫助病人從現有生命中逐漸超脫、分離，對其反而是項容易接受的解脫。此即蘿絲所說：

「病人到達了一個階段，死亡會被視爲是很大的解脫，而且如果病人被允許、並且被協助去把他們自己，慢慢地從所有他們生命裡有意義的事分離，那麼病人可以死得容易些。」(25)

緊接著，我們分析病人反應的五個階段。

首先是「否認」的心理：當病人聽到的是毫無希望的時候，就會立刻否認，而且立刻覺得很孤獨，此即蘿絲所謂的「我們所約談的兩百多瀕死病人，在知道得了絕症的時候，大部分的人最初的反應是『不，不是我，這不會是真的』」(26)；所以，這時候要給病人非常大的心理安慰。

然後，第二階段，病人會覺得很憤怒、覺得很不公平，會覺得爲什麼不是壞人得此絕症？他會覺得家人爲什麼不多陪陪他？因此，由憤怒而遷怒，會針對任何人，包括醫生或護士或家人；因爲，他無從宣洩。所以，這時候要用很大的同情心，設身處地的爲他著想，甚至有時要用些幽默感，讓這段最具傷害性、攻擊性的「憤怒期」儘快過去，也讓家庭儘可能不受太大影響。

「讓病人及其家屬看到，疾病並沒有完全瓦解家庭，或完全剝奪所有分子的任何愉快活動，這是比較有意義的，而且，疾病允許家庭做逐漸的改變，而來適應病人不再存在的情形。就如同絕症的病人不能一直面對死亡，家庭份子不能也不應當只是為了要完全陪病人，而排開了所有其它的社交活動。」（27）

因此，蘿絲也進一步強調，病人本身也可顯示自制而堅強的一面，用此克制憤怒，並幫助家人克服悲痛，這是渡過本階段很關鍵的要領：

「我認為瀕死病人對他的親戚能有很大的幫助，能幫助他們面對他的死亡。他能以不同的方法做到這點，方法之一當然是分擔給家裡的人，他的一些想法和感覺，這樣才能幫他們也同樣作到那樣。如果他能經歷他自己的悲哀，而且以他為例，顯示給家屬：一個人能如何平靜地死去，他們就會記住他的堅強，而且以更大的尊嚴，忍受他們自己的哀傷。」（28）

第三個階段，就屬於討價還價的「磋商期」，這時他已經在某種程度承認現實，但他仍希望有所回轉；最常磋商的對象是對上天，也就是對神來許願：如果病能好的話，就蓋座廟、蓋學校；如果真有奇蹟出現，他就如何如何。有些願望、奇蹟確也實現了，這在宗教界、學術界常有這些例子；如清朝易學家焦循（號里堂）生了場大病，在孔廟許願說，如果他的病能好，就要好好發揮孔學；結果其病真的好了，他也真的完成了《易學三書》，以此答謝還願。

所以，在這階段，病人仍然會心存期望，或心存僥倖，盼望還有空間或還有空間。幸運者可能成功，進而更珍惜生命，善用光陰。

當然，也有失敗者，在多次懇求協商無效後，便會逐漸消沉，這時便會逐漸將自我從其原有家庭或環境分離。結果，因爲不再患得患失，反而可以得到和平與心中寧靜。此即蘿絲所稱：

「他們不了解一個瀕死的人，他已在他的死亡裡找到了平和和接受，將必須逐步地把自己從他的環境（包括他最喜愛的人們）分開。如果他繼續保有一個人所有的這麼多有意義的關係，那麼叫他如何能準備好去死呢？當病人要求只被幾個朋友訪視，而後只要他的孩子，最後只要她的妻子，我們就應該知道：這就是他逐漸分離自己的方式了。」(29)

第四個階段是消沈、「憂鬱」：有些人認爲磋商已經沒用，不必再作無謂掙扎，因此就非常低沈，蘿絲分析這「憂鬱」有兩種：一種是反應性的憂鬱（reactive depression），一種是預想式的憂鬱（preparative depression）；這兩種多半都表現在「交待後事」，因此這時家人就要給他充分的保證，會依照他的遺言辦好後事。如果他是講，原來身邊有事要處理，那就是反應性的，直接反應交待身邊的事；如果是對身後的事情交待，例如希望捐助成立基金會，或希望他的後人要怎麼做等等，到這階段，表示他已經準備要接受這結果了，也就是將進入第五個階段。

病人在消沈的階段，如果已經放棄生存意志，怎麼辦？根據宗教專家的建議是，要告訴他：病中的受苦是上天、神要給他的考驗，所以受苦仍是一種「試煉」（trial），不是一種「處罰」（punish），是考驗你對神的信仰是否堅定，要心平氣和的「接受」。經過這段試煉之後，你才真正能回到祂的懷抱，用這種理論，也可以扭轉憂鬱與消沈。

此即蘿絲教授所說：

「垂死的病人，在知道了自己現在的病情之後，願意深入地跟別人談論他或她的回憶、夢想與希望，這種情形即是Allport所稱的『自我客觀化』。」(30)

她並指出：「Allport認為，現在對自我的自覺，乃是成熟的主要屬性。」(31)而且，「垂死病人之願意跟別人建立同等關係，而不願停留在自憐的關係之中，可以比作Allport所說的『自我延伸』，也即是『能夠對自己身體以外的，以及自己之物質財富以外的東西，感到興趣。』」(32)

蘿絲在此並曾分析：

「病人之能夠將其現在的情境納入某種有意義的生活典型，即是Allport所描述的『具有統一作用之人生哲學』……它可能是屬於宗教性的，也可能不是屬於宗教性的，但無論如何，它必須是一個意義與責任的體系，可以將生命中主要的活動納入其中。」(33)

因此，根據Allport所說：

「這三個成熟的屬性，並非任意選擇的。我選擇它們，是因為它們在人成長的過程中，代表三條主要的發展路線：擴大興趣的路線（擴展的自我），超脫及了悟的路線（自我之客觀化），及整合的路線（自我統一）。我想關於成熟之任何具有科學基礎的標準，本質上都不會跟這三項有太大的出入。」（The Individual And His Religion, p.60 ff.）(34)

另外，蘿絲也曾特別引聖經內容，說明這五階段的意義：

「舊約上依撒意亞書第六章，記載著依撒意亞先知經歷了上述的五個階段：先是震驚與否定，然後有罪惡感的情緒，再後是討價還價，當他面對新的眞正要付出代價的事實時，會陷入沮喪，最後才接受了先知的任務。保祿宗徒有過往達馬士革路上的經驗。路加福音描述了耶穌從他受洗開始，一直到他在山上受誘的皈依過程（路三21及以下數節）」(35)

所以，總結這五項，蘿絲歸納很多臨終病人的共同點，得到一個重要的結論：真正成功的輔導，先要瞭解病人心中的需求，給他們最恰當的幫助。

當然，有些病人情況，並不完全照這樣的順序：有些時候，剛開始他可能很憤怒，然後很消沈，然後再協商。而且這五個階段也不一定是五等分的時間，有的可能憤怒期很長，有的可能憤怒期很短，不能一概而論。然而，這五個階段，仍是大多數病人會碰到的心路歷程，因此，如何幫助臨終病人？這對家人從旁輔導極有幫助，深值重視。

簡單的說，最重要的，是不要讓病人覺得自己現在完全沒有用了，要讓他還有生趣，才能從痛苦中解脫；不要讓他覺得自己是個負擔、累贅，這樣的話他會覺得早點走比較好。所以，根據許多研究，即使病況最嚴重時，也不能跟他說完全沒有希望，這樣他才能在比較安寧的奮鬥意志中，平靜的往生。

這就是蘿絲所說：

「不要怕死。肉體生命的結束，不該使我們擔心。我們應當關心的是，當我們還有一口氣的時候，我們就要好好的「活」—解救內在自我，免於精神死亡。」（36）

另外，她也強調：

「死亡是開啓生命之門的鑰匙。藉著接受我們個體存在的有限性，我們才能獲得力量與勇氣，以抗拒那些外在的角色及期待，而將我們生命中的每一日—不管多麼長久—用來成長並圓滿地實現自我的一切潛能。」（37）

另外，蘿絲並曾提醒人們：

「有些人過著空虛的、漫無目的的生活。其所以如此的原因之一，即是對死亡的否定。因爲當你像永遠不會死一樣地生活著的時候，你就很容易拖延你明知你應做的事情。你所過的生活，是準備明天和回憶昨天，而將每一天都浪費掉了。相反，如果你完全了解，你每天醒來的時候，那可能是你最後的一天，那麼你就會把握「這一天」去成長，進一步變成眞我，並向別人展開。」（38）

因此，了解臨終者五個階段心路歷程的主要目的，在於儘可能幫助他，即使處於生病末期，仍然感到身心舒服；所以，在那時候，要同情他、關心他，不是糾正他、教訓他，不是跟他說教，更不是對他責難。所以，現代醫學觀念多半已允許施打鎮靜劑，以人道考量，可用麻醉藥到無限，也就是盡量不要讓他身體痛苦。

其次，則是減少精神上的痛苦，因爲若給予過量的麻醉藥，多半會使他呈昏迷狀態，偶而中間醒過來，要如何跟他溝通、聊天，減少他精神上的痛苦，便很重要。因爲醫生、護士不可能長時間陪他，他（她）也只能讓他減少身體上痛苦；所以，只有靠家人給他心理上的溫暖，才能減低精神上的痛苦。此時，宗教性的信仰，便很重要。

此即蘿絲所說：

「如果你相信，有一個善、光、和力量的源頭，它比我們個人更偉大，而又內在於我們每一個人之內，如果你相信，每一個自我具有一種超越肉體之有限性的存在，並能幫助那更偉大的力量，則你會覺得更舒服，也更有精神。」（39）

另外，除了宗教信仰，歷史使命也很重要，凡此種種，均可相當程度地減少精神上的痛苦：

「爲能得到內心的和平，我們必須有一種歷史感—你是過去一切的一部份，同時也是未來一切的一部份。因此你並不孤獨；現在你必須迫切地感覺道：不可任意浪費你的時間。你要珍惜它，俾

使每一個日子能夠帶給你新的成長，新的識見，與新的自覺。」（40）

事實上，蘿絲的五階段論，對人生的任何重大挫折，也都可以適用。美國醫學雜誌曾做過統計：人生最痛苦的最高分，是喪偶，因爲生活在一起最久，情感受創相形也最大；第二痛苦是父母親或親人過世；第三是離婚，因爲生離死別都很痛苦；再其次是事業上的失意，例如突然失業。凡此種種情形，通常都會經過這五個階段：首先是震驚否認，覺得人生無常，然後就會生氣，覺得心理很不平衡，覺得天道無常，然後就會磋商看還有沒有挽回的餘地。例如離婚，通常都是拉鋸戰，離又不離，不離又離，耗神最久，到後來精疲力盡，開始憂鬱消沉，到最後才黯然接受。人生各種痛苦，大體上，的確會經過這五個階段。

根據席頓（John Hiton）在一九六七年所著的《臨終》（Dying）一書，他明白強調：如果經過一定程度的心理輔導，有一半以上的人，能心平氣和的公開接受臨終，四分之一的人還是餘怒未消，另有四分之一的人仍是否認，也就是不承認他會死。所以，總的來說，起碼有一半以上的病人會因爲了解而獲得有效幫助。

另外，值得介紹的是魏思曼（A. D. Weisman），根據他的研究，這五項階段，並沒有一定的程序，他認爲可能交錯進行，可能前後顛倒，也可能中間缺一個。然而，整體而論，這「五階段」的理論，仍然是可供大家參考的基本架構。

除此之外，根據希納克教授（Huts Chnecker）的分析觀察認爲，臨終者的心路歷程，跟他生前的基本性格，往往是一樣的；所以依他的看法，經常脾氣暴躁的人，就會用生氣的方式死亡，並在憤慨中死亡。很有耐心的人就用有耐心的方式死亡；自我克制的人，他也會在自我抑制中死亡；認命的人就會是聽天由命的死亡。這可說是「性格論者」、「人格論者」的主張。

還有希列曼教授（Shneidman），他特別強調「情緒蜂潮」，認爲上面的五個階段，不是那麼井然有序一個一個表現出來，而是像蜂潮一樣一下子夾雜而出，可能他一面憤怒，一面協商，也可能一面否認，一面憂鬱。所以他的看法，也是傾向視天生個性而定：一個人如果天生是樂天派的，那他的處理就很可能是相當樂天式的，可能會自我調侃或反過來安慰家人；如果他生前就是很鬱悶的、很內向的，那麼他臨終以前，可能也是很悲觀的、很封閉的。

最後，應介紹的是著名生死學家卡洛（David Caroll）。他的結論是：無論是哪一種理論，大家都可以參考，應儘量善用任何有用的方式，凡能夠用得上的、有效的方法，都是最好的方法；因爲研究臨終者的心路歷程，主要在指引臨終者和家人，能相互了解，共同超脫痛苦。很多家人對臨終者，害怕去了解，也不願去了解，或不忍心去了解，結果往往到頭來眼睜睜的，看著臨終者孤獨的在最後一段歷程抑鬱而去。這可說是不人道的、沒有尊嚴的態度；愈在文明時代，就愈應講人道、有尊嚴，要讓病人能在最後這一段路，很溫馨、安祥地往生。

所以，最後卡洛說：「死亡就像一座大山，每個人從不同途徑，邁向這座山，但最後都走向這座山。」這就像一座大山，各有不同的途徑上山，重要的是走向這座山時，怎樣能夠有人相陪，能夠心情平靜，能夠有尊嚴，不只是身體上的有形尊嚴，更重要的是精神上、心理上有尊嚴，讓他覺得沒有被拋棄。對病人來說，他可能不在乎、沒有意識到他身上插了多少管子，最重要的是在心理上、心情上，是否被家人所關心、肯定。

所以，卡洛曾經根據其研究，歸納出七項幫助臨終者「死得更有意義」的方法，深值重視與應用：[41]

一、確信病人已竭盡其力，處理未完成的感情之事：任何將來可能會引起他難過的事都已解決，和親友之間的爭吵都已和解，從未說而應該說出的愛語都已經說出來。

二、要確定所有的文件都已完成：遺囑立好，保險之事底定，繼承人已決；契據、轉讓抵押書、私人債務、未清的帳單、借條等等，都有了適常的處理。

事實上，病人可以列一張最後要做完之事的明細表，一一核對是否已經完成，其中包括：（1）要受邀參加喪禮的客人名單，喪禮的規模及埋葬地點可以先安排；（2）打一些必要的電話，拜訪一些該拜訪的人；（3）盡宗教責任，最後一次去教堂（或寺廟）作禱告及儀式，最後一次奉獻；（4）要確定所借的各種東西都已歸還；（5）如果喪禮事宜皆已預擬好，再次檢查是否事事皆已俱備，如費用、預定的種種；(6)要確定放置重要物項的地方，是否已交待給適當的人；(7)在任何有必要作最後批註或說明的東西上做好指示，思想上或實用方面的皆可；(8)察視個人所有的珍藏及嗜好品，好好處理一下心愛的部分；(9)如果有寵物的話，要確定已爲牠們的將來做了最好的安置。

三、要讓垂死的病人安心：讓病人知道其最後的日子會在無痛苦中度過，不管是在家或在醫院都不會受到不人道的待遇。

四、病人應置身於他所愛的環境中：很多人喜歡在家裡，有些人喜歡病房的安全感，有些人希望被親友環繞，有些人則要求隱密與孤獨，應該尊重病人的選擇。

五、容許他保持某種程度的意識或潛意識：除非病人要求，否則過量的鎮定劑，應隨病人的喜惡擇定。

六、病人希望的話，應該提供他適當的宗教儀式：大多數宗教中的最後儀式，都是已規劃好的離世旅程的一部分。

七、垂死的人應向珍惜的事物及特定的某些人道別：道別即使不能在實質上，至少也要在精神上對充實活過的人生，註上句點或驚嘆號——事務正式結束了。

第三節　幫助家屬心靈重建

臨終者往生之後，逝者已矣，但更痛苦的，卻仍然是生者。因此，怎麼輔導他（她）們、如何幫助家屬心靈，成為另一項很重要的課題。

此所以蘿絲說：

「垂死病人的問題結束了，然而家人必須活下去。它們要應付哀慟。如果一個人對於親人的死亡有準備（意料到的哀慟），會有所幫助。家人總有一天要承認那損失，而生活下去。關於哀傷，沒有時間的限界。我們不知道『為什麼』，但我們繼續活下去。一個年輕人的死亡，是令人難以接受的。」（42）

她並提醒人們：

「當你所愛的人去世時，你會有一種麻木的感覺，一種懷念，和一種抗議。你喪失了你自己的一部份。你覺得心亂如麻。你流很多眼淚。你坐立不安，也可能有一種罪惡感。也許當初你能幫助死去的人，但你不知道怎麼作。你生氣，因為他死了，同時你也惱怒這個世界。你覺得十分孤獨，而孤獨乃是悲傷中最大的問題之一。但那是你的問題，你必須自行解決。」（43）

因此，如何自行解決此中痛若，便是未亡者的重大問題。就這問題，本文要根據卡洛所講的四

個階段，進一步申論。（44）

家屬們面臨家人臨終，應如何幫助他們？就此而言，「意外死亡」或「自然死亡」，二者有所不同：如果是意外的橫死，對死者來說，可能反而沒有經過太久痛苦，比起癌症患者長期臥痛來說，反而是比較快解脫，但這時候，更痛苦的是家屬親人，因爲突然遭遇重大打擊，心中毫無準備；如果是長期臥病的自然死亡，那是病人非常痛苦，家屬雖然難過，但終究已經有心理準備。

因此，面對意外死亡，家屬的反應通常會兩極化：一種就是還能強忍、克制，外人看起來，好像還很勇敢、平靜，譬如黛安娜的死亡，兩個小王子平日被教導成：既然身爲王子，就不能對外表達悲傷，可是他們怎麼可能不悲傷呢？很多公眾人物，爲了形象，只有強忍。另外一種，就是完全崩潰，成爲歇斯底里，例如林肯大郡、大園空難、颱風、水災、九二一地震等事件中，他們看到親人突然遇難的血淋淋鏡頭，震驚之餘，近於崩潰、放聲痛哭！很多的心路歷程，首先是不承認、不相信是真的。

根據卡洛分析，家屬們的心路歷程，通常有四個階段，前述兩極化的反應，是當下的反應，後述則是在確定親人往生之後的心情。

第一階段是「因為忙累而麻木」，因爲忙著辦後事、迎靈等等各種瑣碎事物，反而麻木了，沒有特別悲傷；但這並不代表好過，只是暫時麻木，尤其是親人若因意外過世，家屬們除了剛開始短暫的幾天，需要調適心理，緊接著要面對的是如何認領、如何善後、如何追究等等問題，也包括很多臨時必須處理的突發相關事情，因而還沒有時間去回想與悲傷，看起來雖不是那麼嚴重，但真正嚴重的在後面。

第二個階段，就是「因為回憶而悲痛」，有些家屬在親人意外死亡的初期，潛意識裡還沒有意識到那是真實情況，等到公祭結束、忙碌的事情也處理完了，潛藏的心情悲痛就來了！卡洛稱此為「沉寂期」，因爲突然間沒什麼人陪他了，所有關心的人都離開了，通常在三到五個月之內，經常變成一個人孤獨的在回憶，經常會突然之間悲從中來、觸景傷情，這段時期是最嚴重的，有的人甚至會長達一年之久，萬念俱灰，根本沒有心情工作。

第三個階段，卡洛稱為「隱退期」，開始自我調整、開始「隱退」，此時不想跟外面的人打交道，變得孤僻，並認爲任何人都沒有辦法了解他切身的痛苦。因爲，往者已矣，但生者情何以堪？尤其若是白髮送黑髮人，最爲痛苦，經常回想起來，就萬分難過。到最後，仍要靠著時間的沖淡，才可能慢慢的平息、恢復。

蘿絲便曾搜集一位母親的心路歷程，她飽嚐喪子之痛，其心聲非常值得重視：

「這些文字是一位痛苦的，掙扎的母親寫下的記錄。她發現寫作是一種工具，可以用來表達並對付她自己內心的痛苦。她通過了哀悼與悲傷──還沒有完──可是在她的悲傷中，她發揮了創造力，

從她的眼淚中，她找到了美和愛的語句。」(45)

「震驚」

（二月十五日）動了手術之後，倫：「爲什麼這種事發生在我身上？」

「否定」

母親：「這不能是眞的。他會好起來。」

「忿怒」（一種發洩，爲了解除焦慮）

（三月）

倫：「我不願意這些毛病得逞。」

「希望」與「磋商」

母親：「還有希望，現在不要放棄。它們正想辦法幫助你。」

倫：「不要一直給我打電話了，否則的話我要改變我的電話號碼。」

「憂鬱」

母親：「但是我很惦記你，而你又不打電話回來。」

倫已不省人事，安靜的睡著。

母親：「倫，再見，願上帝祝福你。我是那麼愛你。」

這樣為他更好。我終於放棄了。我本不願意他受苦。(46)

「接受」

這段心路歷程，誠如蘿絲所引述母親的心聲：

「悲傷的第一個階段是震驚，他使你短時間內不覺得痛苦。在親人剛剛死去之後，喪失親人者不會被那種喪失所壓倒。有許多事要做，你也會機械式地去做，或忙來忙去，且試圖著不去想倫已經過去了。我無法相信他逝世了。我希望有一更美好的明天。

我不久就瞭解了，我們的獨子已去世。感覺上宗教信仰對我沒什麼幫助。我尋找答案，可是找不到。我一直想，「沒有他，我怎麼辦呢？我想念他。」人們對於悲傷有不同的反應。我需要相信，我兒子生存在某個地方，但我不知道什麼地方。我還會再看到他嗎？我不曉得，但我希望如此。我的信心是建立於我情感上的需要，而非建立於我的推理。」(47)

這位母親並進一步說明，她如何仍自覺，必須繼續活下去，並努力使生命具有意義：

「有些時候，我的悲傷吞滅了我，但我要學習帶著損失去生活。我無法忘掉我們的兒子，直到如今，他的死使我無法理解。不過，我必須繼續活下去。減輕悲傷，需要時間。我正在努力前進。我們的兒子一定不願意我為了哀悼他，而花掉大半的時間。他常告訴我說：「你要向前邁進！」為了他，我要努力，我要盡力而為之。倫對我十分重要。他的逝世，對我是一項絕大的損失。當死亡到來時，那眞是一個可怕的打擊，令我悲痛欲絕。我知道，治療創傷需要時間，尤其是心靈的創傷。我不能放棄，我正在努力使我的生命具有意義。」(48)

這位母親，歷經嚴苛的喪子之痛，但畢竟仍渡過，仍然堅強的站起來了。然而，很多人因太激動，形成不正常的悲傷反應，在第四階段的「調適期」中，會有八種型態，無法走向正常的恢復。卡洛在此的分析很值得注意。

第一，是「不正常的否認」，也就是不甘心、不承認，並否認到了不正常的程度。

克拉克蓋博主演「亂世佳人」中的白瑞德，他非常疼愛和郝思嘉生的小女兒，後來小女兒騎馬，不幸摔死；他完全拒絕承認，把自己跟小女兒屍體關在房間，當做小女兒沒死，也不准家人關燈，因爲他小女兒怕黑，也不准安葬小女兒。白瑞德是一個飽經滄桑的大男人，在他內心深處都會有這種反常的情況，更何況一般脆弱的心靈？

第二，是「麻木、呆滯」，有些人此時眼神是呆滯的，神情是麻木的，天天昏昏然，只在無意識地吃飯睡覺，只能說一切都茫然，她還活著，但整個人沒有任何生氣。

第三，是「沒有理由的恐懼」，尤其是親人若因意外過世，深怕另外又有一個意外，造成其他親人的離開。因爲深感世事無常，所以對生命缺乏安全感，到了晚上更會恐懼。

第四，是「強迫性回憶」，亦即無法克制的回憶，雖然旁人一直勸不要想，但是不可能不去想，很多是突然間就會回想；即使經過五年、十年，仍然不由自主的還是會回想。

第五，是「無法排遣的憂傷」，也就是對心中的哀痛，揮之不去，久久不能排遣。正常的哀傷應該像拋物線一樣，剛開始不會特別哀傷，到一定時期後哀傷會逐漸增加，經過一段日子，會到最高潮，過後則慢慢好轉；如果真的無法好轉，便屬不正常的階段。

第六，是「遲來的悲痛」，也就是愈想愈不甘心；所以，原先別人看他，初期還算正常，但過了一段時期，反而會反應激烈，究然變得很悲痛，就是這種情形。

第七，是「極端的絕望」，有些甚至可能走向極端，自我輕生，這就需要特別小心、警惕。尤其大地震後，通常經過六個月，會有「自殺潮」，便是這原因。原先因爲忙於後事，無暇悲痛，等半年之後，各種悲痛湧上心頭，自覺只剩一人，了無生趣，便會有此危機。

第八，是「幻想及幻覺」，也就是經常會覺得，與他人夢中相見，這也牽涉到是否相信身後有靈。一般而言，如果真是親人，托夢訊息應很清楚，代表真的有心願未了，仍然需要處理；如果因爲思念而生的夢，大部分訊息都很零散、模糊，並不清楚，只能說是幻覺。

面對家屬上述不正常的悲傷，應該如何處理呢？卡洛從六個重點分析，也很值得重視：(49)

第一，讓家屬「將悲傷表現於外」，旁人只要做一個很好的傾聽者，而讓家屬盡量的講；只要聽他講和親人的以往情誼，或者任何心中感想，都能得到舒解效果。你不用講什麼安慰的話，頂多提幾個問題就可以。因爲你講再多都沒用，再怎麼講，他都聽不進去，只要儘量的多陪他，不要讓他自己一個人鑽牛角尖，因爲拚命追憶而無法跳脫。

第二，讓家屬「實踐死者生前的承諾」，也就是要能幫家屬回想，其親人還有那些遺願、或承諾，儘量代其完成，這種責任感或能取代家屬的失落感。

第三，讓家屬「求新求變」，換一個環境，例如出去旅行，或接觸新的環境，也可鼓勵家屬運動，不要讓他空想；如果這些都不行，那他可能需要心理醫生諮詢。以民間信仰說，就可能需要找靈媒、牽亡魂；其中有的似真，當然有的爲假，但就家屬心理來說，也有一定治療作用。

第四，讓家屬「找人幫忙」，因爲家屬不必默默受苦，也不必孤獨受苦；可以鼓勵參加教會、佛堂或公益團體，而且，應提醒他「儘早工作」，給他賦予責任，這個很重要。因爲這樣可以讓他重新忙起來，以此轉移他的傷心，誠如卡洛所說，「忙碌是克服哀慟之鑰」。

第五，提醒家屬，在傷心期間，不要做任何重大的決定；通常至少應等一年，甚至二年以上，家屬心情才會完全平復。如果在很情緒化的悲傷期間，作任何重大決定，均可能失之偏頗、不夠冷靜。

另外，蘿絲在此也曾強調：

「在情感上接受死亡的事實，需要時間及工作，並且令人痛苦。那些安慰者，無論是職業性的，或是一般的老百姓，往往陷入一種錯誤，企圖保護那些喪失親人的人，使其免於痛苦。可是他們如

此做，只能將他們的痛苦延長，並拖到較遲的一天。」（50）

為什麼安慰者的效果往往會有適得其反的錯誤呢？就是因為，對家屬心理缺乏瞭解，此即蘿絲所說：

「我們無法把痛苦除掉。喪失親人的人可能願意擺脫事實（那個人不願意呢？）。然而在他們所願意的和他們所需要的兩者之間，往往有極大的不同。我們所有的人都必須當心，拖延的，或是逃避了的哀痛，具有極大的危險。我們必須發展哀悼者的技巧，坦承，與接受態度，使它們接受親人死亡的事實。」（51）

所以，蘿絲再次提醒世人：

「當一個親人死亡時，我們有兩條路可走—生活在哀傷，不安，及隱藏的罪惡感中；或是面對這些感覺，克服它們，接受死亡，並投入生活。」（52）

「當我們失掉我們所愛的人時，我們不要失掉愛人的能力。我們能夠從悲哀中獲得成長。」（53）

真正健康、而且令人欽佩的態度，就是能夠化小愛為大愛、化悲慟為力量。此即蘿絲所說：

「一個人最難接受的一種死亡，就是孩子的死亡。『我不知道為什麼不是我，而是他？』這一事實不客氣地提醒我們，死亡不遵循預定的時間表，它選擇它自己的時間與地點。雖然此種經驗是痛苦的，但是對那些接受挑戰的人而言，它也能是一項動力，促使它們成長。」（54）

總之，面對上述種種痛苦的挑戰，身爲家屬，最爲重要的自我訓練，就是能從悲慟的泥淖中，重新站起來，看到更多人的悲慟，用更大的動力與毅力，去關心社會，獻身社會。蘿絲曾經強調：當人們失掉所愛的人時，「不要失掉愛人的能力」，唯有如此，才能從悲哀中獲得成長。社會更多悲哀的人，也才能因爲你的堅強與再出發，而得到更多的感動、啓發與光明。

第四節　如何幫助兒童了解生死

兒童的身心尚未完全成熟，所以如何幫助兒童瞭解生死，格外要注重技巧。就此而言，可分成三方面加以分析：第一，是如何教導兒童正確的死亡知識；第二，是兒童至親死亡時，如何了解兒童的心理及開導；第三，是對兒童說明生死，應注意避免的重點。

首先，父母應如何教導兒童正確的死亡知識？根據卡洛的歸納結果，可以陳述於後，並加申論：（55）

第一是：「別建立無所不知的形象」。也就是別讓孩子認爲你什麼都知道，要讓孩子知道死亡是一個神祕的事，你並不完全知道。此處所講的孩子，是指三、四歲到十二歲。

通常，對兩、三歲小孩提的問題，父母隨便給個答案，他就滿足了；但是對於死亡問題，尤其是到小學的時候，如果隨便答，或裝作自己什麼都知道，以後會有後遺症。當他發現你以後也有不知道的事情，你的公信力就沒有了。所以，必要的時候，就說你也不知道，大家共同還在研究。

第二是：「避免用過度專業化的解釋」。也就是說，別長篇大論，說了很多醫學名詞、學術術語，對孩子仍舊是沒有幫助；最好是以講故事的方式，告訴他什麼是死亡，並在故事中帶出死亡的情節。

第三是：「別盡說恐怖的細節」。最重要的，別講一些嚇人的細節，這很容易嚇到小孩子的，卡洛在此特別提到，如果他問你屍體腐爛以後會怎樣，你說以後會有各種蟲，小孩子的幻想很豐富，想到後來他會怕的。所以，儘量讓他知道正面的意義，就是：例如人來自於自然，又回到於自然，所以沒有什麼可怕；儘量正面的講，這對大人也有幫助。

第四是：「對孩子特別關心的問題，要細細說明」。如果小孩突然問問起死亡的事，應該先找出他的動機。因爲小孩通常不會直接知道自己的動機是什麼，或是講不出他真正關心的動機是什麼；很可能他並不是真的要了解死亡，而是另有所懼，此時便應找出原因。

也許兒童踩死了一隻青蛙，他害怕會被報復，實際上他是在怕自己會不會死，就像孫叔敖的故事，打死了兩頭蛇，回家之後他就哭了，因爲看到兩頭蛇之後，怕自己就會死。這是一般小孩子的共同反應。但是他不一定直接問什麼是死亡，可能會問一些其他相關的問題，所以必須找出他的確實動機。

第五是：對小孩的教導，「要敏銳而帶感情，但不要感傷或矯情」。這非常重要，換言之，就是要走中庸之道，不能冷冰冰的、沒感情的說：「死亡沒什麼！」尤其是不能說：「死亡就是以後你沒媽媽、沒爸爸了。」如此太傷兒童感情。但是也不能太濫情，小孩子本來並不怎麼悲傷，但被大人一把眼淚、一把鼻涕的，可能反而感受到很恐怖的氣氛。所以，雖然要帶感情，但也不要太感傷，要走中庸之道。

第六是：「要注意孩子問題的真正意思」。如同前面所提，首先你要反問他：「你怎麼會想問這個問題呀？是不是有什麼特別原因啊？」通常你問兒童，他就會講的；但你若不問的話，只是根據他的問題，以大人的想法一再回答，就解決不了他的問題。

所以，卡洛曾舉一個例子：有一個小孩在家中從窗戶看到地上有隻地鼠很可愛，這小孩很頑皮，有一半是故意的，就拿著石頭從窗戶丟下去砸牠，偏偏就打中了，把這隻地鼠打死了。他就把這隻地鼠拿來家裡，放在桌上，等他爸爸回來，就問他爸爸：「牠是不是死了？」他爸爸回答：「是，牠是死了。」小孩接著又問：「能不能讓牠活過來？讓牠像原來蹦蹦跳跳的？」爸爸說：「不行了。」然後小孩就開始問：「那什麼是死？」這個爸爸剛好是個醫生，就講了很多在醫學上什麼叫死，在科學上什麼叫死。

講了很長一陣子，小孩子很不耐煩，就跑到那個窗口大哭了起來；他爸爸雖然是醫學專家，但不是兒童心理專家，最後就問：「到底怎麼回事？」小孩就講：「會不會突然有一天有顆石頭，在我走路的時候就把我砸死？」這是大人的頭腦不會想到的，但正是小孩心中所想到的。當然這時候，爸爸就須安慰他說：「不會啦！你不會死、不會受到報復。」等等。

所以，小孩如果問到具體的死亡問題，一定先要知道他內心的本來意思，再針對他的原因，才能正確的解除他心裡的陰影。

第七是：避免「妄自猜測並先入為主」，也就是不要預設立場。因爲小孩遇到親人意外過世，不一定與大人同樣反應，不能預期小孩也跟大人一樣的震驚、恐慌或痛哭失聲。他可能愣在那裡，可能甚至沒流眼淚，因爲他並不了解這真正代表的意思。如果這時候大人罵他怎麼沒心肝、不孝順等等，便成天大的誤解。所以，大人對小孩的反應不要先入爲主，不能以大人的標準來衡量小孩子。

尤其，在喪禮的時候，有些孩子可能會在公祭會場到處亂跑，甚至相互追逐、嬉戲，雖然這樣並不妥當，但是小孩根本沒有意識到這在大人世界所代表的意義。所以，也不能以大人的標準而去責備他。因爲，責備之後，他可能會很害怕，可能以後就僞裝成大人所希望的樣子，那樣就會失去了他自己原本真正的感受，也失去了真正解決他問題的機會。

第八是：「以小孩能了解的程度來討論」。換言之，要看小孩是幾歲，一般他能聽懂到什麼程度，再以他所能了解的程度來解釋，不能太複雜。剛剛曾提到避免用專業化的術語來解釋，現在則是指，使用的語言，不能太複雜，要他能夠吸收的程度。

第九是：「鼓勵小孩主動講出心中的話，別只顧著自己說話」。這正如同醫生鼓勵病人，多講出他心中的感覺，重點在於聽病人講，而不是讓醫生講。同樣情形，要多聽聽小孩所提出來的心聲，而不是大人喋喋不休；因爲小孩子大部分都比較被動，所以要隨時曉得他心中的想法，如果他覺得很茫然，他也會講得很茫然；要隨時知道他的反應，不能只是單向的，都是大人在講。

第十是：「用第三人稱加以糾正」。尤其如果小孩對死亡有錯誤的認知，這種方法比較有效。很多小孩的悲傷，並不是因爲大人的過世，而是認爲大人遺棄他，他想到他被遺棄而生氣，認爲大人走了也不跟他講一聲。當然，這是錯誤的想法。可是若直接糾正他的錯誤，他會很不服氣，而且聽不進去；所以，這時候不能用教訓的口吻，也不能直接的喝斥或責怪。因爲他不是要聽道理，而是要你去安慰他，此時需要給他溫暖，並且頂多用第三人稱的說法加以糾正，例如「從前有個小孩……如何如何」，才能真正有所幫助。

除此之外，第二方面，如果兒童有至親死亡，應該如何對其心理輔導？根據卡洛分析，也有十個重點應予申論。(56)

第一，他本能的感受，是極端的孤單、恐懼被遺棄；所以，此時他不一定立刻放聲痛哭，但會感覺今後就變成他一個人了，恐懼沒有人要他了。所以，若遇到兒童至親遭到意外時，最好先瞭解他可能的心理，才能知道如何正確的輔導。

第二，最好是在家裡告訴他，或在他熟悉的環境裡告訴他。因為，他內心已經覺得很孤單了，這對他的內心，是很重要的一刻，若四週的環境又是陌生，會讓他加倍的覺得無助。我依然記得我先室過世的那天早晨約莫四、五點，我回到岳家約是七點的光景，岳母告訴我的小孩，小孩們的本能反應都是共同的說：「沒有媽媽了！」其中一個，立刻就轉頭跑進房中，去拿相本找媽媽，當時情景，真令人心頭一陣酸，至今仍然印象深刻。由此看來，孩子聽到母親病故的消息，最先反應，就是再去用最熟悉的方法，去找媽媽，並恐懼今後會非常孤單；因此，最好是在家裡面講。

第三，最好是由平常最親的長輩或同輩來告訴，儘量不要由外人來說，要能讓他們感覺到：若有任何的本能反應，也不會因為太生疏，而不敢放聲大哭。

第四，講的方式要簡單，但要很仁慈、溫厚，不要兜圈子，要能明白、簡單的說。

第五，要能讓小孩參與辦後事，像中國民間，有燒冥紙、疊金箔等等傳統，可以讓小孩參與，讓他們覺得也盡一分心。

第六，對於至親的死亡，不要故意的加以美化，或太理想化，例如說「被天使帶走」等等；

因爲實際上，他會觀察：爲什麼被天使帶走，會有這麼多人傷心？所以，要很平實的說，不要怕他傷心，而故意講成很美好的事。即使是基督徒、天主教徒說是「蒙主寵召」，也不能把這講成是非常美好的事；因爲太違背人情。頂多持平的說：「再回到自然」就好了。

第七，對一般小孩本能的直覺反應，要特別注意，因爲有的時候會非常極端，有的是立刻歇斯底里，甚至全身顫抖、講不出話；因爲，他不忍心或不願意講出親人「死亡」的這個字，所以喉嚨會覺得痛，因爲心理上的打擊而影響到生理。還有從歇斯底里的極端，到很冷漠的極端，因爲他不相信真有此事，所以持續幾天會仍然談他爸媽，彷彿親人還在，或說爸媽在上班，還沒回來等等；這些並非故意說謊，而是過份反常，因而需要特別的關切。

第八，告訴兒童親人的死亡，不用說太多的細節，只要告訴他關鍵就可以，只要跟他說「親人死了」，就行了。否則，小孩會有更多聯想，反而會有副作用。

第九，如果小孩的寵物有一天死了，這是個很重要的機會教育，可以教導他「何謂死亡」；因爲，這是他真正愛過、養過，甚至心疼過的生命，所以要趁機會告訴他「死亡是怎麼一回事」，然後觀察他的反應，他可能會覺得很悲傷、很生氣、不願理會任何人，這時候就要慢慢的訓練，讓他能正常化。

第十，如果親人仍在病中，就要讓小孩多去探望臨終病人。有些人的觀念，以爲少去爲妙，以免留下不好的印象，或怕醫院不乾淨，這是個錯誤的觀念。因爲，唯有讓孩子多去，才能讓他了解死亡的過程，也讓他有參與感；尤其從人道觀點來看，少去看親人一次，就少一次機會見面，所以多探病對小孩是好的，對病人也是好的。一般家庭以爲要隔離才好，其實並不正確。

除此之外，第三方面，若有其他近親死亡，作父母的應如何向兒童說？卡洛所說重點，也值得重視與申論。（57）

第一，「自己不相信的事，不要告訴小孩」：如果自己不相信天堂、地獄，就不要告訴小孩，否則會讓他覺得妳是在敷衍他，；如果他不相信親人是被天使帶走，就不要勉強他，這樣於事無補，反而會讓他更加的疑惑。

第二，千萬別說死者是去「旅行了」，或是到「很遠的地方去了」：很多人以爲這樣，矇混一陣就可以了，但事實上，這只有加深孩子的「被遺棄感」或孤獨感；因爲既去旅行，從前都會告訴他或帶他去，爲什麼這次不告訴他或帶他去，這樣只有讓他更生氣。

第三，「別在悲傷的小孩子面前談論死者的私事」：因爲，這會讓他覺得非常的難堪和尷尬；中國人講「死者爲大」，就算他以前有什麼過錯、瑕疵，大人和大人之間尚且不宜談論，更何況是在小孩子的面前？

第四，「別跟孩子講太多親人和病情有關的事」：因爲小孩很容易聯想，以後只要聽到別人生病或自己生病，就會認爲代表死亡，反而產生恐懼心理。

第五，「別強迫孩子去看或觸摸屍體」：因爲這些都會留下一輩子的印象，屍體當然不好看，有些病人也不希望別人看他的屍體，尤其是沒有化過妝的屍體，都會影響別人對他生前的印象。對小孩子而言，更會影響他一輩子，潛藏在他心裡，難以預測未來作用；有時候連大人看後都會覺得怕怕的，更何況是小孩？所以，不要強迫小孩去看或去摸，有時候長輩會叫兒童去看或去摸，看起來雖然很溫馨，但是會對小孩子留下一輩子不可磨滅的、不一定好的印象，所以仍應儘量避免。

第六，「避免拿睡覺和死亡作比喻」：因爲這樣一來，他每到晚上睡覺，就會有恐懼感。所以，不能將死亡說是睡覺，否則以後他會倒過來想，把睡覺看成是死亡；睡覺是每天都要碰到的事，如果一到睡覺，就會聯想到死亡，當然對兒童有很壞的影響。

第七，「不要因孩子生死者的氣而責備孩子」：因爲小孩經常會本能的認爲，大人遺棄他、不要他了，或是覺得大人不負責任，怎麼把他甩了就走了。這不只小孩會有這樣的反應，很多女性在先生過世時，也會本能的喊叫：「怎麼這麼不負責任，丟下我不管！」旁人可能會覺得很奇怪，人都已經過世了，怎麼會講這種責怪的話，其實她的內心深處，和小孩子是一樣的，立刻感受到未來的孤獨和恐慌。這種責怪並不是其正的怨恨，僅是一種發洩，所以這時候不要太阻攔或太責怪，尤其對小孩子，這經常是很真切的反應。

此時，最重要的，是要對哀傷的未亡人或兒童保證，說：「你放心，你並不孤單」、「你放心，我們會照顧你」，即使沒有媽媽，還有爸爸、還有阿姨、還有好多親人，「你不要怕」，這是他們最需要聽到的；否則他會認為死者明明就是不告而別。此時要明確的跟他講：放心，還有許多親人可以陪伴他，他才能安心。

第八，「不要阻止孩子表現悲傷」：通常，小孩如果悲傷，無論用何種方式表達，或用極端怪異反叛的、崩潰的方式，都不要嚇阻。因為，這就如同打罵教育一樣，管教小孩，用嚇阻雖然最容易，但也最偷懶，你今天用打的方式，以後他也會用打的方式，他會以為打就有用、暴力就有用，以後他到社會，同樣也會這個樣子。

所以，當孩子悲傷痛哭時，你若想用嚇阻他，不准哭，看似暫時有效，但是後遺症卻很大，因此，應讓他適度、人性化的表達出來，不用叫他強忍、也不要強勢的加以阻擋。

第九，對基督徒來說，很重要的是「要注意神的角色」：其實所有宗教均然，不應濫用神的角色。例如，為什麼媽媽死了？如果說是因為神把媽媽帶到天國，小孩可能會覺得神很可惡，覺得神是惡意的，竟然把他媽媽帶走，引起這麼多人的悲傷。說神把親人帶走了，可能在階段性一時有效，但以後他對神就沒有信心了，甚至對上帝會抱怨，進而影響整個人生觀，所以應該慎重。

第十，「不要拖延很久才告訴孩子」，否則他會覺得他是被大人排斥的。如果有親人過世了，需要及時的跟他說，否則他不會認為那是對他的好意，反會認為排斥他。他心中已經很孤獨了，還要排斥他，當然後果會很嚴重。

最後，應如何正確輔導子女不幸喪生的父母們？生死學專家史齊米德（Lee Schimadt）也曾列出「要做的事」與「別做的事」兩大類，很受各界重視與應用，深值參考，故特陳列於後：（58）

■要做的事

1、要讓你發自於心的關愛及關懷流露出來。
2、隨時準備好聽其他的孩子說話，訂正他們的錯，幫助他們。
3、要向孩子的父母說你對發生在他們孩子身上的病，及他們所受的苦感到難過。
4、要允許他們表現出此刻的悲傷，他們願和你共享多少，就容他們表露多少。
5、要鼓勵孩子的父母對他們自己有耐心，別太奢求自己，也別拖延任何「應該之事」。
6、要容許他們談論自己失去的兒女，他們願意講多少、多常講，你就接受吧。
7、要多談他們已逝孩子的特殊專長。
8、在孩子的喪禮及去世後的數月中，要特別關心那孩子的兄弟姐妹。
9、向孩子的父母保證醫師們已盡了全力，孩子受到的是最好的治療，你所知道對孩子有好處的方法皆已試用過了。

■不要做的事

1、不要讓你的無助感變成你和痛失愛子的父母接觸的阻隔。
2、別因你心理不舒服而避開他們。
3、不要說你了解他們的感受。
4、別說「你現在心理一定好過些了」，或對他們的感覺下任何推斷。
5、別對他們說他們應有何種感覺、應做任何事。
6、他們若提起已逝的孩子，別轉換話題。
7、不要怕勾起他們的痛苦而不提他們孩子的名字。
8、別試著想找出孩子死亡的正面。
9、別說他們還有其他孩子呀。
10、別說他們以後還可以再有孩子。
11、別說他們應該因為還有其他孩子而心懷感激。
12、別對他們作任何方式的暗示，謂他們的孩子在家、在急診處、醫院或任何地方時，受到不當照料。

以上所述，均為專家們針對兒童心理，說明應如何解釋「生死」的內容；所有大人們若能認真瞭解，將心比心，相信對處理相關問題，必定有很大的幫助。

【註釋】

⑴E. Ross著，孫振青編譯：《成長的最後階段》（台北：光啓，1993年），頁7。
⑵同上。
⑶同上，頁7-8。
⑷同上，頁8。
⑸同上，頁9。
⑹同上，頁10。
⑺同上，頁9。
⑻同上，頁8。
⑼同上，頁106。
⑽同上。
⑾同上，頁10。
⑿E. Ross著，謝文斌譯：《論死亡與瀕死》（台北：牧童，1979年），頁14。
⒀同上，頁11。

⒁同上，頁12。
⒂同上。
⒃同上，頁20。
⒄同上，頁28。
⒅同註⑴，頁83。
⒆同上。
⒇同上。
㉑同註⑿，頁32。
㉒同上，頁57。
㉓同上，頁57–58。
㉔D. Carroll著，陳芳智譯：《生死大事》（台北：遠流，1994年），頁73。
㉕同註⑿，頁170。
㉖同上，頁67。
㉗同上，224。
㉘同上，頁226。

(29) 同上，頁 236。
(30) 同註（1），頁 219。
(31) 同上。
(32) 同上。
(33) 同上，頁 221。
(34) 同上。
(35) 同上，頁 222。
(36) 同上，頁 236。
(37) 同上，頁 239。
(38) 同上。
(39) 同上，頁 242。
(40) 同上。
(41) 同註（24），頁 194-196。
(42) 同註（1），頁 114。
(43) 同上，頁 114-115。

(44)同註(24)，頁243－245。

(45)同註(1)，頁108。

(46)同上，頁108－109，頁114。

(47)同上，頁115。

(48)同上，頁116－117。

(49)同註(24)，頁263－265。

(50)同註(1)，頁98。

(51)同上。

(52)同上，頁107。

(53)同上，頁106。

(54)同上，頁107。

(55)同註(24)，頁135－140。

(56)同上，頁145－149。

(57)同上，頁149－151。

(58)同上，頁234－236。

第二章 西方文學的生死觀

本章主要從名生死學家卡洛（David Carrol）的名著《死亡的況味》（Understanding Death）中，引述十八位文學作品，並加申論而成。（1）從這些文學作品中，我們起碼可以得出三種啓發：

第一、從寫實主義的作品中，我們可以很完整的看到主角面臨死亡之前的各種情境及其心境；其中最著名的代表作，可說是托爾斯泰所寫的《伊凡之死》。他的這篇文章，就是講法官伊凡，突然間知道患了絕症，這位法官奉公守法，很有正義感，卻得了絕症，心中很不平衡。本文就是從伊凡臨終前的心情，一直敘述到他的死亡歷程；托翁所寫這個臨終心路歷程，剛好跟現代醫學的研究成果完全吻合。蘿絲教授提到，臨終者會面臨五種心情階段，其中的長短與順序，雖然可能有所變動，但是這五個階段，基本上都會存在，從托翁本文的寫實作品中，我們可以清楚看出相似之處。

第二、從人道主義的作品中，可以發掘很多臨終者的心態。因爲，文學作品之所以爲文學作品，就是在於它主要是從感性來描繪；文學和哲學的表現方法在基本上是不同的，哲學是用邏輯、演繹、推理或相互對話的方式論辯，通常來說，容易流於抽象與晦澀，一般人不怎麼感興趣，但是文學作品、藝術作品，因爲以感性爲主，扣緊人心與情緒，具體的寫有血有淚的人與事，一般人就會有興趣。尤其，從人道主義出發，更能彰顯生命的尊嚴，以及對死亡的重視，在這些作品中，史坦貝克《憤怒的葡萄》可稱代表作。

第三、從存在主義的作品中，同樣可以看出臨終者對生命的感觸。因爲，存在主義的特色，就在突顯個人色彩，也在突顯存在體驗，此所以存在主義鼻祖祁克果強調：即使在墓碑上，也要寫「此地葬了一個個人」。在這類作品中，卡謬（Camus）的《異鄉人》很有其代表性；從而產生偉大的同情與關愛。海明威的《戰地鐘聲》可稱代表作。

除此之外，卡洛這本書中，也有很多對生死的深刻觀察，其中五項重點，均值重視：一是對於死亡的認知，也就是對死亡的看法；二是對於死亡的歷程，也就是對臨終之前的描繪；三是對死後的情景，用文學幻想結合許多寓言表現；四是在臨終者死亡之後，未亡人的治喪情形與心境；五是未亡人在治喪之後的哀傷過程；六是自殺前後的情景。凡此種種，均從很多文學作品中，可以看得非常真切。

根據這些重要議題，本文特選出文豪十八人作品，並申論其對生死的代表性觀點。

首先，第一個所要討論的文學作品，是紀伯倫（Gibron）所寫的《先知》。

紀伯倫在《先知》一書中，以詩歌體裁展現其哲學觀，其中對於死亡的看法，特別可看出其文學才華與哲學智慧。

對於死亡，紀伯倫簡單明瞭的說：「死亡不足為慮」，因為「死亡只不過是人類和上帝及大自然，建立更為完美的新關係開端而已。」(2)

所以，在《先知》中，當有人問紀伯倫關於死亡的問題，他的回答是：「你要知道死亡的秘密，除非你到生活裡面去找，否則你怎麼可能發現？」這也可以說明，爲什麼蘿絲教授要直接接觸臨終病人，多與他（她）們訪談、聊天，傾聽他（她）們的痛苦心聲，然後從臨床統計中，歸納出一些共同的現象，以提供世人參考。

紀伯倫曾經比喻，貓頭鷹的眼睛可以透視黑夜，但到了白天牠就變盲了，不能揭示光的神秘，意即牠有一定的限制性。所以，若人們真的想了解死亡的精神，就要敞開心房，進入生命的本體及生命的本質，「因爲，生與死是一的，正如同河流和海水不二」。

在他看來，生與死是合一的，生猶如死，死猶如生；我們通常說河水不犯井水，因爲井水是單獨在一個定點，但河水和海水卻是相通的，如同淡水河的水，流了一段時間之後，就流入大海了，在河流盡頭、快入海的階段，就如同生命的盡頭、快到死亡的階段，看似沒有生命了，其實是進入更大的生命、進入更大的海洋。

根據紀伯倫，死對個人來說，好像是生命結束了，其實回到宇宙更大的生命，如同河流進入大海後，看似沒有蹤影，其實是和海水融合爲一。所以，紀伯倫有句話很重要：「死亡除了是赤裸的融入風中，和融入陽光之外，別的還是什麼？」（3）

換句話說，人死亡後，看似沒有蹤影，其實一切歸入塵土，並且逐漸風化，這就是回歸了大自然；此中精神與莊子的思想很接近；一切既然歸大自然，沒有什麼好恐懼？又有什麼好傷心呢？

此所以，紀伯倫曾強調，「死亡的意義，除了解除氣息的貧乏，好讓它得以崛起與擴張，毫無阻礙的追求上帝之外，別的還是什麼？」(4)

換言之，死亡對人體來說，好像氣息已經消失了，但是從整體的宇宙生命來講，卻是讓原來個體的生命，能夠重新崛起、並且擴張，從而可以毫無障礙的追求上帝，並真正追求宇宙終極的造物主。根據紀伯倫此種講法，死亡後因為化為靈魂，反而可以毫無障礙、超越時空的追求上帝。

因此，就紀伯倫《先知》全書精神來說，死亡乃是人類與上帝建立更完美新關係的契機，也是人類回歸大自然、回歸更完美關係的分水嶺，應肯定其中的正面意義才對。

第二個要講的文學故事，是卡洛改寫自佛經的寓言故事。

卡洛以此故事，並比喻：「死亡既然無可避免，人人都會面對，大可不必哀傷」；這一點與基督教很接近。就西方人來說，基督徒認為死亡是個必然的過程，所以基督教主張在親人過世的時候，要用健康的態度來面對；如《舊約．約伯紀》中便說：「人為婦人所生，生命苦短，而煩惱特多；它來如花開，去如花萎，無常迅速，逝如光影。」

同樣精神，在佛教《金剛經》中也有類似的講法：「如夢如幻」。佛教認為世界無常，所以要大家看透看破，同時也提醒大家，每個人都會面對這種無常，因而更要看開看穿才行。

卡洛在本文中敘述：有位婦女高黛美有一個獨生子，但不幸過世，她因而拒絕承認孩子已經過世；這與羅絲教授所稱，臨終五階段的初期回應「拒絕承認」是一樣的，所以她一直抱著已經過世的小孩，奔走各地求醫，別人只好說她已經瘋了，但身爲母親的她，仍不願意承認，因爲她對這個答案不願意接受。

最後這母親碰到一位智者，智者要她去找釋迦牟尼，並說他或許會有辦法救活她的小孩。於是，她立刻到釋迦牟尼那邊哭訴，要他馬上給她藥，救她兒子。

釋迦牟尼並沒有立刻告訴她：人已經死了，怎麼救？而是委婉地對她說：很多人家裡都種有芥樹，請妳幫我拿一把芥子葉來；但這些葉子，必須出自那些從未有過喪子、喪親或喪友的家庭中所種，若能找到，我就有辦法救妳兒子。

因此，這個婦人馬上到處去找，並且哭訴，但是每個家庭都很哀傷的跟她說：我們都很同情妳，可是我們家庭裡，都有親友過世的經驗，所以都是愛莫能助。等她一直找到最後，自己終於想通了，立刻豁然開悟！原來，佛陀是用迂迴方法，讓她能夠覺醒、能夠自己真正站起來。

最後，這位母親疲憊之餘，在夜晚高地坐著休息，從高地看到萬家燈火，每個家庭中原來都有同樣悲痛的經驗，沒有任何例外。每家亮著的燈，後來陸陸續續的滅掉了。愈到深夜，燈滅的愈多，她也開始領悟：每個家庭都是要滅燈的，晚上的時候，家家戶戶一定都要熄燈睡覺，這是很正常的，到白天就要重新開始。正如同晝夜輪替，一樣的正常，既然這麼正常，全世界每一家都會碰到這種哀傷；她又何必如此特別悲傷呢？想著想著，她總算逐漸的恢復精神。

根據臨床經驗，面對親人死亡，旁人講再多勸慰的話都沒用，當事人很難聽得進去，只有自己站起來，或到新的環境去，自己有新的領悟，重新站起來，才能真正有效。

卡洛藉這個例子，同時譬喻，水果成熟時，就會開始墜落。眾生皆然，一經出生，就有死亡的命運，所以一切眾生皆受死亡管轄；「縱然人生百歲，即使活得再久，最後也將離別親友，離開此世此生。」所以，他從佛經的智慧中，領悟此中至理，再以文學的方式表現出來，其中深意很值得人們體認。

第三、要分析的是俄國近代哲學家貝德頁夫（N. Berdyaev），他曾擔任莫斯科大學哲學系主任，著有《人的命運》（The Fate of Men）等名著，深具人文關懷。

貝氏在文學上也很有才華，他曾經強調：「人如果永生不死，那生命便沒有意義可言。」正因為有死亡的威脅，所以生命才更可貴，捨生取義的價值，才更能突顯，平日人類也才會珍惜生命，讓每個日子過得更充實。正如同因為有失敗的痛苦，所以才會有成功的歡樂。這種思想與老子所說「福禍相倚」的道理，可說很相近。

所以，貝德頁夫有句名言：「人生在世所以會有意義，就是因為有死亡這件事，假如人間沒有死，人生的意義就消失了。人的道德經驗意義，統貫他整個一生，主要是他處身於一個知道有死

的地位。」（5）

換句話說，人之所以有道德成就，有各種的人文關懷，正因爲他是處在一個知道死亡的地位，從完成道德人格的角度，再看生命的意義與價值，才更加突顯死亡的重要性。這也正是孔子所說「仁人志士，有殺身以成仁」，正因爲「殺身」，本身具有高難度，才更能突顯「成仁」的可貴性。此亦孟子所說，「所欲有甚於生者」，正因爲「捨生」與「取義」不能得兼，「取義」若以「捨生」的死亡爲代價，才更加突顯「取義」的可貴。這與貝氏所說「沒有死，人生意義便消失」，可說完全相通。

第四，我們要討論文學家李懷特（White Lea），他用文學寓言的故事來比喻死亡，與莊子常用寓言的方式很能相通。

李懷特提到：有一個很窮的老人，他偷了一隻雞，放在鍋裡燉。結果晚上有人來敲門，老人當作沒聽到，但是來人繼續敲著門，老人於是問：「是誰啊？」外面的聲音說：「我是上帝，我想吃一點東西。」老人回答說：「你是上帝啊？那我不給！」上帝問：「爲什麼？」老人答：「因爲我發現你，對人很不公平，在人間很多厚此薄彼，不公平，這隻雞是我辛苦偷來的，所以不能給你。」

隔了一陣子，又有個女人來敲門，自稱是聖母瑪麗亞，也要點東西吃，老人又說：「我也不能給妳，因爲妳對人間也不公平，讓許多好人好心沒好報，壞人卻經常非常囂張。」又隔了一陣子，又有敲門聲，是死神在敲門，來要東西，老人反而說：「是死神嗎？那我可以給你，因爲你很公平，無論是富人、窮人、好人或壞人，你都是公平相待，一視同仁。」(6)

李懷特以這樣的一個寓言提醒世人，人間唯一公平的事，就是死亡；美國獨立宣言開宗明義稱：「人生而平等」，其實是假的，黑人、女人迄今還有很多不公平，但是死亡卻絕對平等。雖然有人說，死後的墓，有的很多人照顧，有的沒人照顧，可是那是就生者來說，若對於死者而言，則都是一樣的。所以死神回答：「我不分貧富、貴賤、老少、美醜、病與不病」，通通用平等方法相對待，反而是真正的公平者；此中深意，極値省思。

第五，我們要討論西班牙作家塞萬提斯所著的《唐吉訶德》。

唐吉訶德晚年，自己承認，他一輩子都是瘋瘋癲癲、似醒非醒的，跨上一匹病馬，帶著一個老僕人、配著一把劍，便想行俠仗義，把風車當惡魔。在《唐吉訶德傳》中，也象徵理想與現實之間的衝突意義；本文對此姑且不談，只討論唐吉訶德即將過世時，突然間變得很清醒，很爲別人著想，個性也變得很溫和，說話很有條理，很能反省自己，完全變成另一個人。這正符合醫學與心理學臨床研究結果：即使再瘋狂的人，除非在生理上有病態，否則在臨終之際，多半會「人之將死，其言也善」，個性會有大轉變。

此所以唐吉訶德在病床上，自己承認：「過去因爲運氣不好，經常看一些低級趣味的武俠小說，所以使得我判斷晦暗不明；但如今我已經看清楚這種荒唐與虛妄。」(7) 他所難過的是，他發現得太遲、太慢了，來不及重新去看其他啓示心靈的書，以做補救。

此中很重要的一點經驗是：他提醒人們，在仍然來得及的時候，應該多看一些啓示心靈的好書，否則臨終會與他同樣，後悔也來不及。

另外，唐吉訶德又對他姪女說：他已到了最後的死亡關頭，應該要面對現實，迎接死亡；特別是，他要讓世人了解，儘管他生前瘋瘋癲癲，但他這一生並沒有糟糕到瘋人的程度。他強調，對這一點，一定要讓世人知道；作者塞凡萬提斯在此做了一個很溫馨的處理，讓唐吉訶德自行反省，並作爲警世的榜樣。

他並藉著唐吉訶德，表達了眾人在臨終所共同關心的一件事：「身後留名會如何？」即使生前狂癡如唐吉訶德者，臨終也會在乎世人對他的名聲與形象，其他更可見一斑。

由此可知，孔子所說：「君子疾乎歿世而不聞也。」君子最擔心的，應是過世後，世人不記得他做過什麼事，這種省思，在中西方均有相通之處。這也說明了，人若臨終才關心名聲，已經來不及了；平日就應該對此注意、努力，心中有把無形的尺，以此爲標準而力行，然後才能真正做到「立德、立功、立言」的三達德。此所以孔子講「君子有三畏」，以畏天命最先，確有深意在內。

第六，應該分析的例證，是托爾斯泰所寫的《伊凡之死》（The Death of Ivan Ilych），這是充分反映托爾斯泰人道主義的重要作品，也是生死學中經典性的文學作品。

因爲，托翁以細膩的文學手法，分析臨終者的心理，堪稱所有文學作品中，分析最完備、而又最深入的經典之作。尤其，他所敘述臨終者的種種心情，包括「否認、憤怒、磋商、憂鬱」，到最後無奈的「接受」，平靜走向死亡，都很能印證羅絲教授所講的「五階段論」。

托爾斯泰生於一八二八年，卒於一九一〇年，年代上當然遠早於蘿絲教授，但他藉由寫實手法，敘述了一個法官從生病到過世的過程，竟能不約而同的印證了蘿絲教授所講的五階段論，如此由文學作品印證醫學臨床結論，充分可見其文學作品的觀察入微，以及精細生動。

托翁本篇作品另一層重要意義，在於它不只具有科學性的印證，更有人道式的啓發。托爾斯泰在本篇作品中，很深刻的反映出人生在病痛中的省思，從而達到人性的昇華。托爾斯泰這篇作品也告訴人們，可以把死亡歷程作爲成長的過程，因爲，當死亡愈來愈接近，才促使伊凡能從頭回顧他的一生，重估他生活的意義。平時，他只是隨著工作打轉，從未檢視自己的生命意義，但透過接近死亡的痛苦，才使他不得不重新評估生命的意義與價質。

因此，唯有經過死亡陰影洗禮的人生，才算真正經過反省，也才真正充滿生活的價值與意義。所以，蘇格拉底有句名言：「沒有經過反省的生活，是不值得活的」，應該更進一步改成：「沒有經過死亡陰影反省的生活，是不值得活的」。

托翁在這篇故事中，有一個很重要的特點，就是寫出伊凡心裡面有兩個「自我」，一個是正在痛苦中的自我，是一個是自問自答的答覆者，也就是旁觀的、理性的自我。(8) 例如，伊凡自問：現在我很痛苦，你到底要怎麼樣？他並一直抱怨上帝，為什麼要讓他這麼痛苦。此時，另一個理性的自我，開始回應他這個問題：「我要不受苦的活下去」；然後，原來的自我又開始問：「那你要怎麼活下去呢？」另一個深受肉體痛苦的自我則回答：「我要像以前一樣，健健康康、很愉快的活下去」。這兩個自我的對話，充分反映病人心理的翻覆和矛盾，而且此時對所有名利、權力、歡樂，都已經不奢望，只想要健健康康、快快樂樂的活下去！托翁在此，可說充分發揮了人道精神，用最大的同情心與同理心，將心比心，去體會病人的心，因而最能寫出一個「人」在臨終、最真切的心情。

在托爾斯泰那年代，麻醉劑就是鴉片，所以當藥效一過，身體就會非常痛苦。因此，「伊凡又問：「這種無止盡的痛，是不是就是死亡？」另一個自我則回答：「不錯，這就是死。」原來的自我又問：「為什麼要有這些痛苦？」另一個自我則回答：「沒什麼理由，死就是這樣，除此之外，別無其他。」

托翁在這裡用很中性的語言指出，「告訴世人，死亡就是這樣子」，一個人，並不因為他以前做了什麼壞事，才會這麼痛苦。即使以前做了很多好事，也會這麼痛苦；臨終過程，不因為窮、或者富，或好人、壞人，而有差別，一樣如此痛苦。

接下來，醫生來看伊凡，但他對醫生很冷淡、甚至很多抱怨。他對醫生說：「如果你已經束手無策，就不要再來騷擾我。」這時候，他已經不再期待能康復了；縱然醫生說：「起碼我可幫你減輕痛苦！」但伊凡仍說：「那也不需要了，就讓我一個人安靜吧！」(9)

這時候，醫生感到伊凡的肉體痛苦雖然可怕，可是他的心理痛苦更加恐怖，因為這讓醫生不知如何因應。伊凡這時候的心理，是在拒絕承認、憤怒之後，進入又沮喪、又消沉、又不甘心的階段，所以會有暴躁、厭世的現象，抗拒任何人的慰問。

然而，當伊凡把所有的朋友都罵走之後，他還在念小學的兒子，靜悄悄地走進來，小孩子仍然不在乎可能被罵，走了進來；他以很本能的天真態度，走到伊凡床邊，接近他，並拉起他的手、親吻手。此時，伊凡哭了出來。在這時候，伊凡重新感受到了溫暖與光明，就在其他人都被他憤怒的罵走之後，他的小兒子讓他在將死的兩個小時前，展現了人性的最後一道光芒。

伊凡此時哭了出來，表示他仍然很在意那些被他罵走的親友。在這裡，我們也看到了，對於臨終者的照顧，應有耐心與毅力，不論臨終者的脾氣多壞，還是要陪伴他、別遺棄他，不要因為他的憤怒不理，就真的不管他，他才不會覺得非常寂寞。

這篇文章最後的啓發，就是臨終者雖然對關心他的人缺乏耐性，但其實他心裡，還是非常需要安慰與溫暖。尤其文中對臨終前的剎那心情，描述極爲傳神。

到最後，伊凡將要死亡的那一刻，他反而並沒有感覺任何痛苦；甚至他還自問：「痛苦，你在哪裡？」。這時他開始感覺到不痛了，於是他又問：「死亡在哪裡？」在死亡的那一剎那，他領悟到：「死亡就在這裡！」他看到死亡的地方有光明，心裡大聲的驚嘆：「啊！原來如此！那真快樂！」然後，他聽到旁邊有人說：「完了！他真的死了。」他心裡的另一個自我，也從旁說了最後一句話：「總算完了，不再有了。」(10)

托翁這篇文學作品，很生動的指出，親人應如何照料臨終病人，家屬們該如何瞭解病人心理，才能有真正的幫助。

在通篇作品中，托爾斯泰完全以感同身受、將心比心的立場，假裝自己是臨終者，才能描寫出這麼深刻傳神。

事實上，平日也只有將自己比擬作臨終者時，才能真正設身處地、了解臨終者的心，從而認真的回顧這一生，並瞭解生命是如何值得珍惜，絕對不能虛度；托翁本篇作品，的確深值反覆精讀，從中體會深意。

第七、莎士比亞在《哈姆雷特》中，描述哈姆雷特與挖墳人關於生死的對話，也很值得深思。

哈姆雷特本身籠罩在世家的恩怨情仇中，所以多愁善感，對很多事情常常會反覆思量。有一次，他路過墳場，看到挖墳人挖出來一具具骷髏，心裡充滿感慨。他問身旁的侍從：「這具骷髏是誰？」侍從答：「是一王公大臣。」他不禁回想起他的生前種種；當挖出另一具骷髏，他又問是什麼，回答是宮廷中的小丑，哈姆雷特對這些小丑，更印象深刻，他記得當時在宮廷裡，這小丑是如何的逗樂大家，滿堂歡笑，那時小丑導引滿場，像生龍活虎般逗得全場笑得東倒西歪，如今人事全非，宮中充滿陰森，小丑只成一具白骨，令他感受很深切。

所以，他有感而發的講：「亞歷山大大帝嗚呼哀哉了，亞歷山大也被埋葬了，最後復歸塵土了，一切歸於泥土了。」(11) 哈姆雷特想到，泥土固然可以做成爐灶，然而這個泥土卻由人們拿去補壁塞洞，此所以哈姆雷特不禁要問：「他變成了爐灶，為什麼不會被用來阻塞酒桶？專橫的凱撒，死了也化為泥，那個曾經讓世人敬畏的泥，如今為了禦寒，要補破壁！」(12)

哈姆雷特此中感慨，如同紅樓夢中，空空道人所吟唱的〈好了歌〉：「世間將相知多少？一抔黃土埋沒了！」「痴心父母知多少？孝順子女誰見了！」換句話說，世事變幻無常，一切轉而成空。當世人認為「好」的時候，其實也正是「了」的時候，此即「好了歌」的真諦。

事實上，沙特（J.P.Sartre）的存在哲學，在突顯「荒謬感」之餘，所完成的巨著「存有與虛無」（Being and Nothingness），書中所要展現的心情，也正如同「好了歌」，認定「存有」即「虛無」，萬有皆無，此中油然產生的悲涼心與蒼茫感，的確很能看破虛幻，發人深省。

海明威的《老人與海》，在此同樣深具啓發性。雖然老人出海，奮力捕到了大魚，但最後大魚卻被其他魚給吃掉了；等回到岸上，「有」轉頭成爲「空」，「好」瞬間成爲「了」。費盡心血抓到的魚，瞬間變沒了，真是情何以堪！可是，老人並沒有灰心，因爲最重要的，是老人在和大海奮鬥的「過程」中，就能獲得自我肯定；所以他強調：「男子漢只能被毀滅，不能被打敗」。

另如哈佛大學名教授懷海德（A.N.Whitehead）在名著《歷程與實在》（Process and Reality）中，也明白肯定「歷程」即「實在」；在奮鬥過程中，就能當下完滿自足，直通實在。另一位存在哲學家卡謬曾舉著名例證《西西弗氏神話》（The Myth of Sisyphus），他在此文中明白指出，只要西西弗在被罰推大石的過程中，能夠自我肯定，就能化悲傷爲快樂。因爲，只要過程中已經盡心盡責，本身就已成功，不必在乎結果，不必爲了大石無法停在山頂而煩惱。這段寓言，隱喻人生的真正價值，不在結果，而在過程。只要每天皆能充實自我，完成責任，心中就很踏實，就可隨時準備萬一橫生意外，亦可死而無憾。此中深意，的確深值人們省思。

根據這種盡責的人生觀—亦即海德格（Heidgger）所說的「責任哲學」，每個人反正都得一死，雖然有些只看到世俗享樂的人，因此只想及時行樂，但更有一些具有高貴心靈的人們認爲，人生苦短，所以更應該隨時充實自我、奮鬥盡責、貢獻公益。而且，正因爲能看破生死、看開功名利祿，所以反而能夠做到「無欲則剛，直道而行」，如此毋須逢迎拍馬、患得患失，反而更能豁達開朗，心中充滿悅樂。此中啓發，的確深具意義。

第八、我們要討論的是，由海明威小說所改編而成的《戰地鐘聲》。

本作品主要是敘述一個美國人，到西班牙參加反抗法西斯的正義戰爭，成爲反政府的游擊隊員。這個游擊隊剛炸毀一座橋，可是炸橋時，因爲身受重傷，無法逃離。在此之前，他在義勇軍認識了一個女士，兩個人產生了深厚的愛情，故事重點就是描寫男主角重傷後，女主角要陪他，但他要女朋友離開，因爲「我們兩個已經化爲一體，妳走了，就等於我們兩個一起走！」雖然女朋友不願意離開，但他再三強調，只要兩個人的心在一起，兩個人就永遠可以在一起。

在《戰地鐘聲》中，男主角這樣告訴他女朋友說：「我們現在不去馬德里了，但是不論妳到哪裡，我總是跟妳在一起，妳懂嗎？」

女朋友仍然不肯走，他又再催她：「妳該走了，我倆當中只要有一個在，就等於有兩個在。妳該走了，我會跟你一道走的。」

「我要做的事，一個做就夠了，有妳在，我做不好，只要妳走，我也能走，難道妳看不清楚這是怎麼回事嗎？無論是誰，只要有一個活，就會有兩個活！」(13)

這段纏綿悱惻的對話，令人想起《鐵達尼號》的終局，男主角在冰海中，告訴女朋友，「妳一定要撐下去，因爲只要妳能活，就等於兩個人都活了！」

海明威在這作品中，並且更深一層的提出了他的「機體主義」（Organism），她強調：人與大地，所有萬物息息相關，一切萬有環環相扣，所以人才能產生大愛。

此所以他在結論中說：「人不是一座孤立的島嶼，每個人都是大陸的小塊，都是整體的一部分，如果有一部分被海沖失了，歐洲大陸便少了這麼一小塊。因此，任何人的死亡都會使我減少，因爲我與人類有著切身的關係；所以，不用通告喪鐘爲誰鳴，它鳴，是爲了你。」

同樣，大陸有首歌叫「血染的風采」，歌詞意境深遠，在此也很能相通。歌詞中大意敘述戰士向親人的告別：他的眼睛可能不再睜開，此行可能不再回來，但是親人不要悲哀，因爲他已經化爲大地上的山脈，已經化成旗幟上血染的風采！意謂他已經犧牲了自己的生命，但卻與國家的大地山河合爲一體。這就跟《戰地鐘聲》一樣，爲了自己的信念奮鬥，犧牲了肉體生命，可是卻與他所愛的人，永遠合而爲一。

所以，海明威在《戰地鐘聲》最後說：「我爲信仰而戰，到現在已經一年的時光了，只要我們在這裡得勝，就會處處得勝。人間是個好地方，值得我們爲它而戰，因此我很不情願離開它。」但是，正因如此，要保護這塊好地方，才不得不離開它。如此的精神，爲了成全大我，而犧牲小我，將個人生命融入永恆的國家生命，此中情操的確深值欽佩。

這與林覺民的《與妻訣別書》一樣，十分令人感動，明明林覺民非常愛他的妻子，稱其爲「卿卿吾愛」，全信充滿濃濃愛意，但是他又必須離開她，因爲他是爲了革命，爲了救國救民，爲了讓千萬中國人都有公平的好日子。如果他不離開妻子去革命救國的話，她在任何地方，都可能被打壓、被迫害；所以，他將個人的小愛，提昇成爲對國家的大愛，精神同樣令人欽佩敬仰。

此所以在《戰地鐘聲》中，男主角也提到：「我已經有過這麼一段好運，已經過了像父親和祖父般美好的生活，雖然壽命沒有他們的長，但這幾天的時光，因爲愛情而過了跟其他人一樣這麼美好的生活，既然這麼幸運，就沒什麼牢騷可發。」（14）

這是男主角最後在面臨死亡時最真切的感觸，一方面安慰自己，二方面也激勵自己，臨終前他對自己說：「你現在可以從容就義了。」此中心情的轉折，既有人性化的過程，也有精神提昇的過程，深值體認其中精義。

第九、我們要討論的，是一位美國十九世紀的著名詩人惠特曼（Whitman）在《自我之歌》（Song of Myself）中的名言，深值重視。

惠特曼指出：

「人生之所以不會因爲死亡而絕斷，因爲人類的肉體可以復歸大自然的宇宙，從而鑄造未來的生命，永遠沒有窮盡的往復循環。」（15）

他在此處，抽離了自身，再看自身的死亡，既寫實，也寫意；重要寓意，則在強調大宇宙的生命，生生不息，循環不已，這與中國《易經》所強調的「天地之大德曰生」、「生生之謂易」，很有異曲同工之妙。

此所以惠特曼曾以文學筆法指出：

「我將我自己遺贈泥土，使我得從我愛的草葉成長，化爲泥土而護花；假如你再需要我，就到你的皮鞋底下來找我；如果你一下子不能找到我，也不必氣餒，在一個地方走失的我，可以再到另一個地方來找我，因爲我會停在某一個地方等你。」(16)

這段內容，也令人聯想到林黛玉葬花的紅樓夢情節。紅樓夢是偉大的文學作品，同時也是偉大的哲學作品，賈寶玉夢遊太虛幻境中，所見對聯「真作假時假亦真，有爲無時無還有」，道盡了生死真幻的交融互通。而林黛玉葬花時的自憐，感嘆他日又由誰來葬她，看似多愁善感，然其深意在於「萬物皆有情」、「何處不相通」；由此看來，也可悟出生死萬物相通的意境。

經國先生在贛南執政的時候，曾經爲紀念他的幹部，寫了一篇悼念文〈看不見，可是依舊存在〉，膾炙人口，比喻他朋友雖然過世了，可是就像爬藤花一樣，爬到了牆的另一邊，看不見，但仍然存在。我們若從更高層次的精神高空來看，生與死不正是如此嗎？人到最後，都會在天上某一個地方相會；如此想開了，即可豁然開朗，又何懼於死呢？

第十、值得分析的是，瑞典著名導演柏格曼(Bergman)的電影《第七印》(The Seventh Seal)。

這部片子描繪在中世紀歐洲，瘟疫流行，死亡到處蔓延，因而怕死的陰影，籠罩整個歐洲，所以電影一開始就演，死神到處捉拿患了瘟疫的騎士。很多勇敢而堅強的騎士，紛紛敵不過死神；但其中有一個騎士，居然勇敢的向死神挑戰，他要求跟死神下西洋棋，如果他輸了，就甘心讓死神抓去；但如果贏了，死神就應放他生路。

影片中情節顯示，死神居然願接受這個挑戰，其結果是：即使最後騎士輸了，必須死，可是起碼死神必須花時間和他下棋，因而騎士也能多活一些時間。更何況，如果騎士居然贏了，當然便能活命。

此中情節所要表現的重點，首先就在騎士不肯俯首認命的奮戰精神，對於很多臨終病人來說，無疑能有很大的鼓舞。另外，騎士與死神「討價還價」的過程，恰如蘿絲教授所說的五階段之一，他們並不甘心束手就擒，因而仍想盡力挽回；這種求生的意志與毅力，縱然未能成功，卻代表已盡力，確實對很多病人深具啓發性。

第十一、應該討論的是，美國著名幽默文學大師馬克．吐溫(Mark Twain)，他透過葬儀社老闆所說的一席話，非常發人省思。因爲，他看盡了各式各樣人物的葬儀，也看盡了公祭時形形色色的各種現象；所以用反諷的筆法，來道盡人間的荒謬、虛僞以及愚痴。

本文中提到，葬儀社老闆先從死者生前的交往談起；因為死者生前非常討厭形式主義，所以他不要任何的送葬隊伍，他也很討厭別人講應酬的假話。他深感一生都受別人的擺佈，所以最後小小的心願，希望能受到尊重；馬克．吐溫在此特別強調：「他這才算得到最真實的安慰。」(17)事實上，平日大家很容易看到，在很多公祭場合中，慰問者相互寒喧，很多人當作應酬場合，甚至把家屬的哀傷根本就置之度外，更有的還在旁高談闊論、談笑自若，與其如此，又何必去弔慰呢？對於這種完全流於形式的虛假禮儀，馬克．吐溫要透過本文說：難怪很多人最討厭這種形式上的恭維、和流於表面的送葬儀式！

這篇文章又提到：人死後，通常會在棺材上標明，死者為某地、何人；但馬克吐溫透過葬儀社老闆，提到即將入葬的這個人，生前交代，毋須用明牌寫這些內容，只要用石灰粉來粉刷他的獨木舟（喻指棺材），塗去上面所寫的字，只要註明運貨地，送往墓地，讓他隨風飄盪，就可以了。

所以，本文中說：「就一個已經過世的人來講，與其用掛有漂亮名牌的漂亮棺材，不如用爽快怡人的品格。」(18)換句話說，已經過世的人，根本已經無法知道這些形式上的俗套。因此，與其將一個人後事辦得風風光光，不如這個人生前的品格堂堂正正、光明磊落，讓人永遠懷念。

《荒漠甘泉》中有句名言：「再好的大理石墓碑，也會風化毀損，只有把名字刻在人心中，才是永恆之道。」無論古今中外，外表形式再壯觀的領導人墓碑，都有毀損的一天，只有生前充滿愛心仁行，親民愛民，「把名字刻在心中」，才能真正永恆！

莊子《大宗師》也有段名言，說明「藏天下」之道，極具深意：「藏舟於壑，藏山於澤，謂之固矣；夜半有力者，負之而行，昧者不知也。故藏天下於天下，恆物之情也。」

換句話說，很多人誤以為，用權勢、用高壓可以穩固人心，殊不知無形中反而失盡人心，等敗亡還不知原因（昧者不知也）；唯有把名字刻在人心中，爭取天下人心，「藏天下於天下」，才是永恆之道。此中深意，極具人們重視！

第十二，應該討論的是，史坦貝克的代表作《憤怒的葡萄》。

本文背景是在一九三〇年代，正值美國經濟大蕭條，成千上百的中西部農家不得不離鄉背井，到加州找工作。因為人生地不熟，加以交通並不方便，路途上便歷經各種坎坷，備嘗生病死亡的過程。

本文的主人翁高德（Goad）嫁給一個波蘭裔卡車司機，全家人一路顛簸，到加州討生活。家中有個老祖父，因為無法承受路途的顛簸，中途不幸中風過世。在奔波勞碌的旅途之中，無法講究風光的葬禮，但家人們都用最摯誠、恭敬的心，舉行簡單而隆重的葬禮；一方面代表這家人，面對親人在奔波中死亡，切身無奈的心情，二方面也代表，面臨悲歡離合的感慨，再次顯示形式上的葬禮，其實並不重要，最重要的，是對親人的孺慕之情，以及感懷之心。

這個簡單的葬禮，最後由孫女凱西來致詞；實際上在荒郊野地，也無法找到牧師主持葬禮。她說她的禱詞不會很長，她用最真誠樸實的心情，說出大家心聲：「這個老人剛剛活了一生，剛剛爲生而死，他爲了生活奔波而過世，但『凡是生活的，都是神聖的』、『凡是生命，都是神聖的』。現在我們就把他隱藏起來，讓他去做他的工作吧！」(19)

事實上，凱西在此所說，「凡是生命，都是神聖的」，用最簡單的話，卻道出了最深刻的哲理，比起黑格爾所說「凡存在，都是合理的」，只重理性、未重人性，更爲深邃而溫馨。

當這一家的爸爸，用鐵鍬把泥土撒在棺材上，並且逐漸把它埋在土裡後，小孫子說了：「現在爺爺就在這個下面了。」兒童用語很樸質，感情卻很深刻。縱然沒有唱詩、沒有牧師、也沒有墓碑與送葬隊伍，但家人在生存奮鬥的過程中，反而更緊密的團結在一起，在蒼茫的心情中，也更增進了大家的向心力與上進心；此中情意──面對家族有人離世，反而更能彼此珍惜團結，的確發人深省。

第十三、應分析的是，一八八六年俄國契訶夫（Chekhov）的著名文章〈傷心〉。

本文主旨，在描述一個悲慟的老人，想要找一個人來傾訴他喪子的痛苦，但竟然遍尋找不到任何人關心他。所以他引述俄國的民歌「我今有苦向誰訴？」，結果只能向他的老馬喃喃訴苦。

本文重點在提醒世人，人在悲傷的時候，一定需要找人訴苦，心中才會舒坦；可是這個孤獨老人，找不到任何人可以傾訴，結果竟然只有向年邁的老馬喃喃訴苦，此中的孤苦與哀慟，的確深深令人同情。

老人跟老馬傾訴了半天之後，最後跟老馬說：「我的心情，就好比你有一匹小馬，你是這匹小馬的母親，如果突然之間這匹小馬死了，你是不是也會很傷心？」(20)

整篇文章的精義就在：如果有親人過世，家屬的痛苦遠遠超過死者的痛苦；因而，他迫切需要有人能夠傾聽他的傷心與難過，也迫切需要有人在旁靜靜傾聽他的訴苦，共同分擔這份痛苦。所以，即使對一匹馬，他都可以訴說良久，並且還以擬人化的比喻，來說明他的悲慟。

雖然這老人並不知道，老馬能不能聽懂他的話，但是在他心中，這最起碼還是一個有生命的動物在傾聽，由此也襯托出老人的悲涼情境，深值人們同情，從而更珍惜本身所擁有的親情。

第十四、値得分析莎士比亞在《商籟七十一》寫他自己的死亡。

他在本文中，充滿爲友人的體貼著想，希望他們不要爲其悲傷。莎翁在本文預告他的好友，也等於是預擬遺囑。

他說：「請別爲我悲傷，當我死亡，你必然聽到陰沉的喪鐘鳴響，警告世人說，我已經逃出這可厭的世界與這可厭的蛆蟲，……假如想我使你感到苦惱，我寧願被你的甜蜜思想遺忘。」(21)

在十六、十七世紀，當時的英國還是認爲，追悼時應該儘量節制哀傷，莎士比亞處於當時的背景，所以再三強調：「……當你讀到這道哀詩時，也許我已經混同土壤，那就不要再念著我可憐的

名字，且讓你的愛心和我的生命一同埋葬，以免聰明的人看穿你的悲傷，而在我走後拿它來出你的洋相。」（22）

換句話說，莎翁即使談到自己死亡，都不願看到親友哀傷，也不願他們因此而「出洋相」，由此充分可見，他已超越自憐與悲情，這種胸襟深值省思。

同樣情形，聖嚴法師在一項談生死的座談會中，拿出預擬的遺囑，很灑脫的公佈；他還沒唸完，台下弟子已在哭泣。（2000.09.12〈聯合報〉）這固然代表弟子有情，但更代表法師有靈，足以超越生死，冷眼旁觀自己大限。無論莎士比亞或聖嚴法師，在此中表現的冷靜心情與超越精神，均深值重視與敬佩。

第十五個要談的是，十九世紀法國福樓拜的名著《波法利夫人》（Madam Bovary）。

本文描寫波法利夫人的一生，及其自殺的過程；這對自殺者及其家屬，都是很重要的慘痛過程。因為，通常自殺者以為自己一了百了，或者想以此對其他人報復，可是，自殺的過程卻很痛苦，遠超出自殺者原先的想像；以致很多人臨終前會後悔，反覆掙扎生死之間，甚至最後仍想活命，只是已經來不及。如此，便形成損人不利己、自己懊悔、親人更痛苦的「雙輸」結局。

在《波法利夫人》本文中，波法利夫人剛自殺過世時，她先生拒絕承認她已經過世了，甚至還跟醫生說，不要舉行葬禮，因為他還要留住他太太。後來，在他逐漸意識到太太終究已經去世時，原來的「否定」逐漸成了「憤怒」；此中心路歷程，再次印證了蘿絲教授所講的五階段論。

在本文中，有句很重要的關鍵，「人死之後，生者都會有種麻木之感出現。」這種空洞茫然的感覺，很真切的描述了很多人的實際心情。等到真的意識到太太再也無法回生時，他才哭倒在她身上；當別人把他拉開，他仍然哭個不停。醫生只好說：「那你就哭吧！那樣會讓你減輕痛苦的，就讓天性自行其道吧。」(23)

實際上，這裡所說「讓天性自行其道」，屬於醫學說法。若從宗教來看，有些並不准許生者哭泣。例如，本文就提到：後來牧師來了，不准波法利哭。牧師用威權式的講法，強調他太太是蒙主寵召去了，主會照顧他，如果他還是哭，便是對主的「不信與懷疑」。牧師甚至還加了句：「人必須毫無怨尤地服從上帝的聖旨。」

然而，波法利此時的回應，竟是因此爆出一陣怒吼，他高聲喊著：「我痛恨這個上帝！」他並仰望著天，咬牙切齒，最後還把牧師罵走。這一段也說明了，有些家屬在人性上難以接受現實的悲慟，如果硬用宗教教條壓制，有時會適得其反。因為，人窮則呼天，人們感到種種災難臨頭，難免會認為上天不公平，這也是對臨終者家屬應有的人性同情。

另外，我們也應分析波法利夫人自殺和未死前的情況。

在西方所有文學著作中，公認《波法利夫人》是對自殺臨終者的痛苦過程與景象描寫，最為詳實生動的作品；俄國托爾斯泰文學作品《伊凡之死》則是對臨終病人的心理，描寫得最精闢。

波法利夫人在服砒霜之後，以爲就會靜悄悄的離世，可是沒想到，毒性發作時，引起很痛苦的痙攣，使得所有家人陷入驚慌恐怖之中。

很多心想自殺的人，以爲生不如死，所以尋求一了百了，殊不知自殺的過程，其實非常痛苦。而且自殺者有些是心存報復，以爲如此可讓活的人難堪、痛苦，可是通常是自己在將死未死之際，本身便後悔了，甚至也想通了，看清楚很划不來。

所以，這篇文章中說到：企圖自殺的人，往往會期望快點進入很舒服的長眠，但事實卻總是演變成更加痛苦，對家人來說更像是一場惡夢。最糟糕的是，永遠已經沒有回心轉意的彌補機會。因此，絕對不應任性自殺。

第十六、要分析的是，卡洛所引述中國宋朝詩人梅堯臣的《憶吳江晚泊》。

本文重點，在回憶從前與其夫人在吳江的相聚情景。

這首詩最重要的特色，在於強調：最深刻的悲傷，經常是在麻木之後的回憶。因爲很多家屬在辦後事時期，充滿各種忙碌，很少有餘暇去悲傷；最悲傷的時刻，反而往往是在辦完後事之後，一個人獨自回憶的時候。

梅堯透過本詩的內容，先追憶與其夫人，從前一起由西邊遊歷回來時，晚上將船停泊在吳江口；那時的迴廊和長堤上，到處吹著清風，天上掛著淡月，岸邊搖著柳樹，他對當時的情景，仍然記得清清楚楚，歷歷在目。但如今再回舊地，只剩他一人，他重新回想當時，不由得悲從中來，油然而生種種感慨，想起當初，誰與他在一起？正是已經埋在九泉之下的夫人！因此，他在觸景生情之餘，情緒如同洩洪般，一發不可收拾，悲慟不已！

這篇文章提醒世人，若要安慰當事人，必須要先了解當事者的心情。千萬不要以爲後事辦完了，一切就沒事了，那時才最悲傷，才更需有人傾聽。

這種心境，可說中外皆然：電影「西雅圖夜未眠」中，男主角喪偶後的心情，正是很多同樣境遇的人，同樣寫實的心聲。另外，美國作家路易斯（1898-1963），同樣有一篇感人的悼念亡妻文章。他在文中提到：最需要別人在他身邊時，最怕是家裡空無一人；他並指出，「愛情雖然並不是男人生活的全部，但是在悲傷回想的那時刻，那真的是全部。」(25)

路易斯指出，在那時刻，自己觸景生情，回想起亡妻生前的種種情景，很快就會陷入了悲慟，這種悲從中來，通常根本無法克制。路易斯甚至講到，他幾乎已經偏愛這種沉痛的時刻，因爲，在這個時刻中，至少他還能很真誠、很懇切、很痛快地宣洩心中深沉之痛。

因此，他在最後強調：由於喪妻經驗，他真切的體認到，慰問生者其實是種尷尬的窘境，因爲還要考慮怎樣慰問，說些什麼才好。他認爲，對服喪的未亡人，應該允許讓他（她）獨處，甚至應像痲瘋病人一樣，讓他（她）隔離在特定區域中。否則，如果親友只是表面講些應酬話，未亡人其實並沒有多餘的心情應付。未亡人這時需要的，是夠交情的朋友做爲傾聽者，而不是任意湊熱鬧，那反而變成打擾。

第十七，應分析一九三四年義大利的諾貝爾文學獎得主戴諾（Piran Dello，1867-1937），他有一篇短篇小說，講戰爭與犧牲，值得重視。

本文敘述一個在戰爭中喪子的老人，在火車上勸慰其他父母，不要爲自己兒子參戰而傷心；他認爲，戰爭是人生的一部分，戰爭是非常光榮的。當他作爲一個旁觀者的時候，在講別人的兒子時候，顯得非常冷靜、客觀，講得頭頭是道；但是到最後，當別人反問他兒子時，他突然之間，變得非常悲慟、難以自持。因爲在猛然間，他突然想起來，自己兒子已經過世，突然想起從前種種父子親情，面孔便瞬間成爲扭曲，甚至嚎啕大哭起來。

這一段也說明了，在至親過世時，外人怎麼勸，講什麼大道理，通常都是沒有什麼用的，不可能從外人勸慰治療他的傷心。因爲，你不是當事人，從旁再講什麼哲理，當事人都聽不進去，等到設身處地輪到自己時，才知道那種心情，是自己完全難以控制的情緒。

所以，此時唯有多讓當事人獨處獨思，或者讓當事人本身，能多講出心中種種痛苦，才有可能逐漸化解。外人頂多只適合當「傾聽者」，不能當「解脫者」，尤其不能將自己的想法，強加於當事人。

同樣情形，美國當代小說家戴弗瑞斯，有一篇名著《羔羊之血》，也很值得重視。

本文講述一位父親喪失么女的哀傷。他在女兒生病去世的前幾天，還與上帝討價還價，強調只要讓他女兒多活一年，他會帶女兒出去旅行，並且去做很多從前想做但還未做的事。可是，時不我予，他女兒畢竟仍然過世了。這位父親在種種的複雜情緒之後，只有透過長期獨處，心中才漸漸的平靜。心情平靜之後，這位父親在結語寫道：「有些詩很長，有些詩很短，它是一首短詩，可是它仍然是首詩。」(26)他心疼女兒、珍惜光陰的慈父之情，於此表現無遺。

這跟林肯說的名言很接近，「生命跟文章一樣，重要的不在長短，而在內容。」非常值得深思。只是這種心境，唯有在悲慟逐漸沉澱之後，才可能有這種領悟。這也正如英國詩人華茲渥斯(W. Wordsworth)所說：「詩，是悲慟心情沉澱之後的作品。」

最後，第十八，卡洛也提到日本軍國主義對死亡的看法：三島由紀夫的《憂國》可稱代表作。

本文主要是敘述日本在一九三六年時，一位年輕中尉軍官，覺得有失職守，因為部下背叛，所以決心引疚自殺，他在三十一歲時，於家中切腹自殺。他年輕的廿三歲太太，後來也同樣以自殺來殉情。(27)日本的切腹自殺並不是一刀結束，而是有一定的過程與儀式，所以他太太還協助他完成切腹儀式，然後自己切腹。文中所寫死亡的淒美與悲壯，成為日本軍國主義的典型象徵。

後來，三島由紀夫自己也在一九七〇年切腹自殺，並且還曾經率領一個特攻隊，攻進日本的自衛隊（相當於日本國防部）。他當時還當場對這些軍人精神講話，認爲日本的年輕人已經忘掉了從前的光榮，只知享樂，沒有想到爲國家犧牲的使命，所以他要用悲壯的當眾切腹動作，提醒大家，恢復從前軍國主義的精神。講完之後，他真的就公開切腹自殺，並命令其助理，依照古禮，爲其斬首，引起國際上很大的震撼。

另外，日本著名的文學家川端康成，晚年也是口含煤氣管自殺；他也是企圖以悲壯的死，喚醒日本民眾重新恢復「日本精神」。這正如同日本的國花──櫻花一樣：當它開得最燦爛的時刻，也就是它凋謝的時刻；當它最美的時候，也就是死亡的時候。

日本這種傳統，以追求「淒美」與「悲壯」的死爲能事，固然可以鼓舞士氣，激發國魂，甚至在二次大戰末期，還以神風自殺飛機，震驚了美軍與國際。然而，當它用這種「日本精神」壯大國力後，如果未走正軌、導向正途，反而會成爲侵略他國、屠殺他人的動力，這就成爲「謀殺精神」。日本侵略中國與亞洲各地，以及「南京大屠殺」的罪行，便是鮮明的血淋淋例證。

尤其，現代文明與民主社會，強調人性、人道，強調法治人權，所以對於日本軍國主義自詡得意的「武士道精神」，已經不再肯定。今後，更不能任其借屍還魂，作爲再次侵略他國、製造戰端的邪靈。此中分寸，非常值得大家共同警惕。

【註釋】

(1) 本書《死亡的況味》，由D. Carrol所選，在台灣有兩種中譯版本，本章取自1980年初版。
(2)《死亡的況味》。
(3) 同上。
(4) 同上。
(5) 同上。
(6) 同上。
(7) 同上。
(8)《死亡的況味》，頁230-242。
(9) 同上，頁237。
(10) 同上，頁242。
(11) 同上。
(12) 同上。
(13) 同上。

⑭同上。

⑮同上。

⑯同上。

⑰同上。

⑱同上。

⑲同上。

⑳同上。

㉑《死亡的況味》，頁 262-263。

㉒同上。

㉓《死亡的況味》，頁 264-278。

㉔同上。

㉕同上。

㉖同上。

㉗同上。

第二章 世界宗教的生死觀

第一節　宗教組成的十要素

宗教組成的基本要素，可以分成十大重點。

第一，是具有開創性人格的「教主」：

宗教的首要因素，就是具有開創性人格的「教主」。例如，在基督教就是耶穌。值得注意的是，耶穌和基督本來是兩回事，後來在基督教中，將耶穌、基督合在一起，認為耶穌就代表基督；但是在猶太教、回教，並不承認二者是一體的，只有基督教承認。因為「基督」（Christ）代表「救世主」，「耶穌」（Jesus）本代表一個人名，上帝派祂的獨生子，即耶穌，到世上來解救世人。

在最古老的猶太教中，並不認為耶穌與基督為一體，因為「基督」在他們看來，是救世主，具有絕對的權威，是絕對超然、神聖，絕對至高無上的；耶穌的層次則不同。所以，猶太教教徒並不過聖誕節，即為此原因。另外，回教也不承認；西方經常有宗教戰爭，並經常在基督教、猶太教與回教的共同聖地——耶路薩冷產生爭執，基本教義不同也是重要的原因。

在回教中的救世主，是穆罕默德；而佛教就是釋迦牟尼。世界上的三大宗教，均有一個具開創性的教主。中國的儒家雖不是宗教，但也具有開創性的奠基者，即孔子；而道教雖與道家不同，但也奉老子為教主，均為同樣特色。

第二，是基本的「聖典」：

基本聖典，代表對基本教義、教規、教律的規定。在基督教，很清楚的就是聖經，包括舊約、新約。新約裡主要的宗旨講「神就是愛」（God is Love），而舊約中講「神就是力量」（God is Power）。在猶太教，更強調神是力量，因爲猶太人漂泊幾千年，需要一個唯一的強而有力的神，作爲精神上的寄託。

回教的聖典，則是可蘭經。在佛學，也有許多代表性的經典，其中又因宗派而各有特性，比如華嚴宗的經典，即華嚴經；從印度傳來的小乘佛教，則是從阿含經講苦、集、滅、道四聖諦爲主。薄伽梵歌則是印度教的主要經典。

第三，是「終極關懷」：

在印度教中，基本關懷就是生死輪迴；佛教則有所不同，所注重的，是進一步找出生死輪迴的真諦，然後轉化迷惘，開示醒悟，建立生死智慧，超脫根本的無明。基督教的終極關懷，則是要如「基督」（Christ）何贖罪，進入永生。

第四，是「終極真實」：

終極真實，既是哲學上的問題，也是宗教的成立要素。最明顯的是西洋近代哲學史的「實體」之爭，例如歐洲理性主義中，笛卡兒認爲「心物二元」，兩者是平行的，另外還有神的存在，成爲三種實體；史賓諾莎（Spinoza）則認爲神即自然、即實體，故只有一個；而萊布尼茲則認爲有很多，但彼此有「預定和諧」（Prerestablished Harmony）。

至於基督教的終極實在，則是「上帝」；在印度教則是「梵我」或「大梵天」；佛教則是「實相」，或者稱「如來」、「法相」、「本相」，都是同樣的意思，有時以彌勒佛象徵，有時則以如來佛象徵；儒家則是「天命」、「天道」，因爲人心來自天心；道家則是論「道」，「強爲之名，曰道。」

第五，是「終極目標」：

透過哲學或宗教的探索之後，人生最後的目標是什麼呢？在基督教的目標是進入永生的天國，與上帝合一（活在上帝殿堂）；在佛教，則是進入涅槃的解脫；在印度教，則是輪迴的結果：「梵我合一」；在道教，也是「萬物與我合一，天地與我並生」；儒家，則是天人合一，所謂「大人」，則是合天地萬物爲一體的仁心。這些都是由宗教或哲學進程探索，所獲的終極結果。

第六，是「終極奉獻」：

人生確定了終極目標之後，要如何去實踐、奉獻？此即「終極奉獻」的問題，這是個非常重要的根本問題。因爲相信終極實在之後，才能超脫私心與俗念，提昇精神，奉獻給更高的精神狀態，這就是「終極奉獻」；例如印度的德雷莎修女、深入非洲行醫的史懷哲博士，以及台灣的慈濟功德會等等，正是因爲他們心中有終極目標的鼓勵，故可以有充分的精神毅力做到別人難爲的義行。

第七：是「解脫的進路」：

解脫的進路，在基督教就是「救贖」，透過救贖的過程和方法，來達到終極目標；在印度教則是「解脫」。宗教在此可大分爲「自力」與「他力」的宗教：自力宗教即是靠自己的力量覺悟，佛教就是典型的例子，毋須靠超然的外在力量而覺悟；所以，佛教的佛（Budda），其原意就是「覺者」之意，佛教肯定人人可以成佛，就是人人可以自己醒悟，根據佛性或善根，透過自力而成覺者。

佛教講「戒、定、慧」，以這「三識」、三種方式，來進入它的終極目標；印度教則講四大解脫之路：即「智慧、正行、瑜珈、敬神」，這種解脫進路，類似王陽明所說的「工夫」，「工夫即本體，本體即工夫」，正如在打坐、瑜珈時，同時的進入本體參悟。禪宗所講的「頓悟」、華嚴宗所講的「慚修」，都是代表「解脫進程」。

第八，是世界觀（world view）：

基督教徒的世界觀，就是神創造宇宙一切萬物，地球也只不過是神所創造的宇宙之滄海一粟。所以在神前要謙卑，要知道自己的渺小，例如阿波羅十一號太空梭的座艙長登上月球之後，雖然說「這是人類的一小步，卻是歷史的一大步」，但當他從月球回看地球這麼壯觀、美麗、五彩繽紛時，他第一句話是說「感謝上帝」；他有那麼多的科學知識，但他仍要感謝上帝，即因其世界觀仍是宗教性，而非僅科學性。

宗教的世界觀與科學的世界觀，雖然看似對立，但中間也有可能融通。最具代表性的對話，即是田立克（Paul Tillich）與愛因斯坦（Einstein）的對話：愛因斯坦是從物理科學看世界，而田立克則是從宗教觀點看世界，二人有許多不同觀點；但到最後，兩人卻達到共識，均承認有神的存在。從科學的世界觀中，愛因斯坦提到宇宙這麼井然有序，必定冥冥中有股力量使其如此，無以名之，他稱之爲「神」，並稱此爲「宇宙的宗教感」（cosmic religious feeling），並非人格化的神；而田立克從基督教義出發，認爲宇宙仍由耶穌基督所創造。二人世界觀並不同，但均承認有神。

佛教則認爲，普天之下均在佛光普照之中，一切眾生都有佛性、也都是佛相；儒家則強調「萬物含生論」，一切萬物均有生命；道家則主張「萬物含道論」，一切萬物均因爲道的貫注其中、無所不在，而充滿靈性。

第九，是「人生觀」：

宗教性的人生觀，很可以看破世俗的名利、權位，因爲看穿人生無論如何富貴，到頭來仍然是白骨一堆，所以可以跳脫世俗價值，而更有向上提昇的精神。此所以儒家人生觀，強調「天人合一」，如易經所說「大人者，與天地合其德」，其精神人格足以頂天立地，絕不做屈膝卑躬的勢利小人。道家也強調「神人」、「真人」、「至人」，能夠精神獨與天地相往來，不受庸俗名利牽絆。佛教更強調「悲智雙運」的人生觀，正因有大智，所以「不住生死」；又因爲有大悲，所以「不住涅槃」，而能同時具有智慧與慈悲，終身盡心盡力、奉獻眾生。

第十，是「精神共同體」：

因爲有共同的精神信仰，所以宗教教派之間，更覺精神契合，從而成爲精神的共同體。例如，在學校中參加共同的團契，會更加促進彼此的情義，或參加共同的慈濟功德會，或共同的教會，都能彼此更覺親切，從而更能彼此照顧與呵護，正是這個道理。

這種精神共同體，若能彼此激勵、相互團結，形成更大的社會貢獻，經常能夠成爲更具人脈、人氣的公益力量。舉凡贊助醫院、創辦學校，或照顧孤兒與弱勢團體等，均成爲現代社會極爲可貴的清流。

第二節　基督教的生死觀

基督教的生死觀，可以分成五項特色說明。

首先，就是從「原罪」的觀點開始。根據《舊約》創世紀中的記載，上帝首先創造了宇宙天地和亞當、夏娃及蛇；但在伊甸園中，亞當和夏娃違背了上帝的命令，吃了禁果，於是被趕出伊甸園。「因爲有這種罪行，所以他們來自於塵土，也要回到塵土。」這是最早的猶太教，對於死亡起源的註解，基督教也接受這種詮釋。

但後來，對於亞當和夏娃就存有各種不同的解說。存在主義者便認爲，這代表人有推拖的本性，上帝問亞當在哪裡？亞當說他因爲沒穿衣服，所以不敢見上帝。上帝再問亞當，何以要吃禁果，亞當推說，是夏娃慫恿之故；而上帝追問夏娃何以如此？夏娃則再推稱是你創造的蛇所慫恿；最後上帝再問蛇，推了半天，結果反而推給了上帝。用現代的講法，這就是「爭功諉過」的人性弱點。因爲人有原罪，所以人不完美，因爲不完美，所以到最後一定會死；「原罪」因此成爲基督論談生死的根本緣起。

在新約《致羅馬人書》中，保羅提到：說罪從一個人進入世界（即指亞當），死又是從罪來的，於是死就領導人類。也正因爲人都附有原罪，所以無法依靠自己的力量改過自新，只有獲得上帝的寬恕，才得贖罪獲得，才能克服死亡。此所以保羅在第十章第四節中說：「律法的總結，就是基督，使凡信祂的人都得著正義」，即根據基督教教義，只要人們都能相信，耶穌是救世主基督，跟著祂來改變人生，那就可以克服死亡。

但在猶太教和回教中，並不認爲人有原罪，根據他們的教義，神既然是全知、全善、全能，人又是依據神的形象所譴，便不應有原罪。中國哲學也並不接受原罪觀念，認爲人心既來自天心，天心既然爲善，人心自然也應爲善，因而不可能有原罪。人之爲惡，只因善根被蒙蔽，只要回復善根，同樣仍爲善人。

第二，是復活的觀念：

根據基督教義，《約翰福音》第五章：「行善的復活得生，做惡的復活定罪。」換言之，人會復活，在這個世界行善的，就會因此得生；反之，如果做惡的，仍會復活定罪。根據基督教的信念：因爲耶穌被釘上十字架，他所流的寶血，洗清了人的原罪。所以，只要人們相信耶穌基督，便進入祂的救贖中，死了之後也可復活。

所以，《保羅全書》中也說：「死就是在耶穌中睡了的人。」另外，在《以賽亞全書》中強調：「在基督裡面死了的人，一定要復活，而且和主永在。」《約翰福音》十一章廿五和廿六節則講到：「復活在我，生命也在我，信我的人雖然死了，也必復活。」「到最後的時候，死人要復活，屍首要興起，睡在塵埃的，要勤起歌唱。」此處所講「復活的軀體」，已經不是再是普通的血肉之軀，而是屬靈的身體。

第三，是「永生」的信念：

在《哥林多書》中提及：「如今常存的有信、有望、有愛」；在這三樣中，最重要的是有愛。因爲「信」是先從旁相信，「望」則是希望未來，但「愛」則是要融入在基督裡面，以基督之心爲心，以基督之愛爲愛；因爲耶穌基督停在心中，成爲主宰，所以才能得到新生，而這新生，就是永生的意思。

所以，在《迦拉太書》第二章中也提到：「現在活著的不再是我，乃是基督在我裡面活著，並且我如今在肉身活著，是因爲信神的兒子而活，祂是愛我，爲我捨己。」基督教的說法強調：耶穌是爲了所有眾生而犧牲自己，因此所有眾生如果相信耶穌基督，等於沾了耶穌基督的光而得到永生。

因此，《迦拉太書》第五章提到：「弟兄們，你們蒙召是要獲得自由，只是不可將你們的自由當作放縱情慾的機會，總要用愛心相互扶持，因爲法律都包括在愛人如己這句話裡面。」因此可證，最重要的是有「愛」，有耶穌基督的愛，才能得到永生。

另外，基督教相信，既然每個人都是耶穌基督精神共同體的一部分，都因爲信仰耶穌基督而得到永生，所以在今後的天國裡，大家都會再見面的。因而，親人過世之後，不必過於悲傷，以後大家都會回到上帝的殿堂，重新再見面團圓；而且未來的世界是上帝的世界，所以當然比此世更幸福、更美麗、更光明。因而，死亡並不可怕，死亡是永生的開始，是進入上帝殿堂的開始，沒有死亡便沒有永生，又何必對死亡恐懼呢？

第四，是「奉獻」的人生觀：

既然耶穌基督可以為了救世人，而被釘上十字架，犧牲自己的生命，用最悲壯的死亡，洗刷世人的罪；所以，基督徒更應該見賢思齊，好好的在此世奉獻犧牲。《馬可福音》的第八章提到，耶穌講：「因為凡要救自己生命的，必喪掉生命，凡為我和福音喪掉生命的，必救了生命。」所以，凡是自私自利的人，愈不想要死的人，反而愈有可能喪失生命；反倒是奉獻犧牲的人，為了耶穌基督而犧牲精神、生命與金錢的人，反而能夠得到生命，不能只追求世俗的名祿地位與自私自利。

根據基督教教義，上帝的國不屬此世，因此對於過眼雲煙的此世虛名與虛榮，都應看破、看開，要能多多捐錢行公義、做慈善，以榮耀上帝、事奉上帝為己任。韋伯（Marx Weber）在其《論清教徒倫理與資本主義精神》（The Protestant Ethics and the Spirit of Capitalism）中便強調，清教徒傳統事奉上帝的精神，努力工作，以此榮耀上帝，反而能開創很多物質成就，並同時擁有精神主宰。要警惕的是，不能因物質享受而腐蝕了原本精神動力。這種精義，至今仍深具啓發性。

第五，是世界觀：

基督教的世界觀，認為不但地球由上帝所創造，整個生生不息、有秩序的宇宙，也都是上帝所創造；所以，人類不能因為上了月球而沾沾自喜，因為月球、乃至整個太陽系，以及更多、更大的各種星系，都是上帝所創造。

不但大宇宙是由上帝所創，人體細胞，如DNA等基因的小宇宙，也是由上帝所創。因此，人類頂多只是「發現」上帝所創造的宇宙奧妙，而非「創造」宇宙上帝；這對促進生命科學，以及提醒世人謙卑心，均有莫大的重要啓發。

第三節　印度教的生死觀

印度教的基本教義，是來自於四韋陀經（Vedas）、奧義書（Upanishads）與薄伽梵歌（BhagavadGita），這是印度教的三部重要經典。

印度教和佛教不同，印度教並不承認佛教，甚至認爲其是異端。在印度教中，有數論派、瑜珈派等重要派別。

在上古的韋陀時期，印度教產生了婆羅門，被認爲是唯一的創造性主神（Brahman），成爲類似基督教中所謂的「上帝」。印度教傳統的社會階級制度，也開始形成。最高層的是僧侶，即婆羅門，西藏受此影響，也認爲最高層的是僧侶；第二是掌管世間事物的王侯、武士，稱作剎地利；第三則是農工商、庶民，稱作韋舍；第四則是奴隸或是原住民，以及其他種族被征服之後的賤民，稱作首陀羅。

西藏的密宗因爲本從印度傳來，所以在西藏的社會中還保留了許多印度社會的階級意識；而佛教義理中的某些教義，也傳承了某些部份的印度教教義，例如輪迴即是。

印度教（Hinduism）中的婆羅門，將人生規劃成四個階段，所以他們都非常容易安排自己的歲月：第一個是學生時期，亦即淨行期，以學習聖典爲主；第二是家居期，居家結婚生子，盡家長的義務；第三是林棲期，在森林裡隱居，苦修禪定；第四個則是遁世期，完全放棄世俗的生活，遊歷各方、雲遊四海、隨處化緣。若以這樣的人生規劃修行，當然對生死是不會恐懼的。

只不過若從現代化的眼光來看，林棲、遁世之後，並沒有服務社會、照顧家庭，而且僅有社會的前三個階層有權享受此等生活，這樣的教義明顯缺乏平等精神。

在韋陀經的末期，就開始產生了奧義書，其中最重要的是奧義，就是「梵我不二論」，這相當於儒家講的「天人不二」；熊十力先生就曾說「中國哲學基本上是『汎不二論』」，印度哲學也可以說是「梵我不二論」，與中國哲學所講「天人不二論」，有很多相通之處，只是從反面來襯托而已。所以東方哲學在此有不約而同的思考方向。

但西方哲學，基本上卻是二元論，從蘇格拉底、柏拉圖開始的「理型論」（Theory of Ideas），便有理型界和現實界的二分：到了中古世紀，天國和此世也是二分。二元論的困難，在於如何溝通理想界和現實界，如何溝通此世和他世。中世紀以後，神、人也是二分的，神不能變成人，人不能變成神；除了耶穌基督是人，在中間做溝通者，但這種情形也很少。相形之下，中國哲學則認爲神、人之間是可以融合的，所以莊子已講「神人」、博達「真人」；即使在民俗宗教，中國也有很多神，可以變成人，很多人也可以變成神。

若從本體論看，心物的二元論，笛卡兒（Descartes）可爲代表；但反觀中國哲學，以王陽明爲例，很清楚的強調「合天地萬物爲一體之仁心」爲聖人。另外，西方也多強調主體、客體二元論，但在中國則是「主客不二」，在佛學來說，則是「能所不二」。所以兩相比較，很清楚的可以知道一個是「汎二元論」，一個則是「汎不二論」。

奧義書除了「梵我不二論」的特色外，也開始強調業論（Karma）與輪迴，意即每個眾生，都包括所有萬物、植物、動物等所累積的「業」，決定未來生死輪迴的命運。此即所謂「善有善報，惡有惡報」，有善業的在未來的輪迴，即有善報，有惡業就有惡報。這就形成了印度教裡特有的天國和地獄，後來包括佛教，也都接受這樣講法，進而產生了六道輪迴說：「天道、人道，阿修羅道、畜牲道、惡鬼道、地獄」，只有轉成天道和人道，才是有善報的結果，而阿修羅還只是載沉載浮、游走未定。

在目前印度宗教中仍很活躍的，以「數論派」和「瑜珈派」爲主。

首先，數論派是以「三道」、「十四生」來說明生死觀：三道是天道、上道和獸道；十四生則是指十四種生存的定位，包括天道的八分：「梵王、世主、天地、乾闥婆、阿修羅、夜叉、羅剎、鬼神」，雖然有阿修羅、羅剎、鬼神等不好的事物，但都因牽涉到鬼神，而可歸諸天道，猶如基督教中的撒旦，雖然是惡魔，但原來也是天使的一種，天使墮落之後才成爲撒旦；人道僅有一類；獸道則有五分：「四足生、飛行生、智行生、傍行生、不行生（即植物）」。總之，數論派是以三道十四生，來說明整個宇宙萬物的生死輪迴，人是其中一類，根據這個世間的功德積業，決定「來生」是在哪一道、哪一生，因而其生死觀很清楚，人應如何努力自處，也很明確。

現在印度最爲知名的是瑜珈派，瑜珈最重要的意義，即在於它是一門解脫的進路，有八支行法（等於八大步驟），首先是禁止的制度，如不殺生、不偷盜、不邪淫、不妄語、不貪慾，這即「五戒」。另外是「勸止」，即積極的勸人去做應做的事，如親近、知足、苦行、學誦、敬虔，此即「五識」。還有「坐法」，即打坐方法，其用意在調節身心，如蓮花坐、獅子坐等，以身體打坐的姿態，達到心靈的調和，並進一步調息，調整氣息。其次是制感，制御一切感官功能，使感官不生雜念、外馳；第七個則是執持，又稱不動心，絕除一切雜念、妄念，集中精神；靜律，即心境完全平靜，不感覺到外界的存在；最後第八，就是等持，即三昧，完全消除主客界限，達到梵我合一。

所以，瑜珈基本上是透過養生之道，在人間的時候，就充分修持，做到非常寧靜、平和、鎮定，因而對死亡非常從容。因爲死亡之後會到哪裡，完全看死亡之前，做了哪些功德。

另外薄伽梵歌容納了各種教義，將四韋陀中的「有神論」、奧義書中的「梵我合一」、數論派中的「制性」，以及瑜珈派的「解脫進路」都容納進去。

在人生目標這點上，薄伽梵歌分別出「世俗目標」與「終極目標」。前者包括財富、性愛、權位和名利等；終極目標則為解脫，不再進入輪迴。

解脫的進路，則包括四種進路：（一）首先是智慧之道，經過省思，達到智慧；（二）其次是正行之道，要有正派的行為；然後是（三）輪迴之道，即透過呼吸、體操、打坐、調息，進入精神解脫的境界，達到身心的調和；再來是（四）敬神之道，透過敬神，讓精神感到充實。

第四節　佛教的生死觀

佛教的生死觀，可以用「四聖諦」、「六比喻」，來簡要說明。四聖諦即苦、集、滅、道。「苦諦」可稱為佛教所講的終極關懷。釋迦牟尼原是一位皇太子，享有一切榮華富貴和名利享受；可是他覺得這些都不是他的安身立命所在，更不是他的終極關懷。當他看到皇宮外的各種痛苦，廿九歲便離開皇宮，到處訪求名師，以求終極的解脫。所以，他的終極關懷，可以說就是如何幫助眾生，從「苦」中解脫，包括生、老、病、死，固然都可說是苦，另外，幽、悲、怨、氣、憤慨、煩惱，也是苦；離別、打擊、所求不得等等，均也是苦。

傳偉勳更會針對現代社會，除了以上的「個人苦」以外，還引申出「人際苦」與「社會苦」等；也就是還有在人際關係、夫妻、兄弟姊妹、同事、上司、部屬之間相處的苦，以及社會上種種不公、不義、不平的苦。總而言之，人間充滿著各種苦。

面對苦，怎麼辦？就要分析「苦」從何來？這就是第二個的「集」諦，也是終極真實之意，又稱為十二因緣。

這十二個因緣包括：無明、行、識、名色、六入（又稱「六根」）、觸、受、愛、曲（即執著）、有（存在）、生、老死、幽悲煩惱，這彼此之間都還互通。最根本苦的原因，即是「無明」，缺乏光明、明智。無明產生妄行，有明智才會有智行，而造善業；妄行便會造惡業。所以，根本的苦即在於此：根本無明。像莊子講「以明」，要能以光明照亮晦暗，道理也是相通。

知道苦因之後，怎麼辦？這就是第三個的「滅」諦，也就是根除、超越之意，代表對症下藥，對苦，要滅掉禍根、根除污染之源。

那麼，如何根除禍根污染？這就是第四個的「道」諦，也就是指如何解脫的進路、進程。

簡單的說，「道」是「三學八正道」：三種學問、八種正確的道路。三學是指戒、定、慧：戒即戒律；定即禪定；慧即智慧。八正道即安排在三學之下，如戒學之下有三正道：正語（遠離妄語）、正業（遠離各種殺道、淫行）、正命（遠離各種孽緣，依照佛法過正當生活）；定學之下則有三正道：正精進（遠離懈怠）、正念（遠離邪念）、正定（遠離胡思亂想）；慧學之下有二正道：正見（即遠離偏見）、正思維（遠離分別心）。以上的八正道所揭示的，正是面對苦與無明的根本解脫之道。

另外，星雲法師根據四聖諦，曾經很中肯地用六種比喻來說明死。(二)

第一個比喻，是「死如出獄」，因爲從前生時，肉體綁住了靈魂，就好像監獄困住了人。所以，死亡就好像靈魂去掉了肉體的束縛，如同出獄般，反而是好事，不必害怕、恐慌。

第二個比喻，是「死如再生」，因爲死亡是另外一種開始，死之後有靈魂、有輪迴，才能轉世再生，等於進入生命另一種的第二春，所以不用太傷心。

第三個比喻，是「死如畢業」，如同一個學生，看學校的成績如何，畢業後再轉到其他領域發展。根據佛教，死亡如同看你這一生的功德、業績，有多少功過，畢業之後再分發到好的或不好的工作地方。

第四個比喻，是「死如搬家」，因爲生命從身體搬出來，到更高遠的心靈。如同從小房子搬到大房子，或從舊房子搬到新房子，不用太難過。

第五個比喻，是「死如換衣」，如同原來的衣服舊了、髒了、破了，重新再換一件新的衣服。

根據佛教，死亡稱為「往生」，原來的軀體病了、壞了，經過輪迴，重新往生，再換一個新的身體生命，因而也無需太悲哀。

第六個比喻，是「死如新陳代謝」，因為舊的不去、新的不來，如果沒有死，就沒有新生命的發展，所以就用平常心去看待，根據佛教，平常心就是「道」。

憨山大師在《夢遊集》裡，也曾經有段名言，說明生死是佛教最關心的根本大事：「從上古人出家，本為生死大事，佛祖出世，亦特為開示此事而已。」

換句話說，把生死大事說盡了，就是佛教的根本精義。佛教的根本教義，就在於看破生死，這是最高層次的問題，對生死若都可看破，那對名利、得失、榮辱、煩惱等等，自然也都可以看破。因此，對生死大事能夠看破，便是佛教的最根本的開示歸因。

另外，聖嚴法師在《歡喜看生死》中，也對生死問題，發現了很多發人省思的高論。（2）

首先，他特別指出：「人一出生，死亡就跟著我們了。」因而，「面對隨時會到臨的死神，我們要想著，自己有永遠的過去，還要想著有永遠的未來，這是接受死亡的最好心理準備。」（3）

因此聖嚴法師強調：「如果我們能相信此生有過去，就能坦然接受，並因應此生的因緣；若能相信有未來，就能懷抱希望，邁步向前。」

根據聖嚴法師的看法，人們應該從宏觀體認，人有前世，也有未來，這些對今生都有因果的影響。所以，不能拘泥只看此生，恐懼死亡，否則「經常恐懼、害怕死亡，於事無補？」這種體認，很能提醒人們省思。

甚至，針對台灣九二一大地震中罹難的同胞，聖嚴法師從中也發掘出悲憫的積極意義：「這些受難的人都是菩薩，他們是替所有台灣人受難了。」

他並曾進一步解釋說：「台灣本身就處在地震帶，發生強震是遲早的事。如果真要講因果，那是整個台灣社會果報所成；在九二一地震罹難的人，是替二千三百萬人受罪。所以，稱他們是菩薩，而活著的人，不管在那裡，都應心存感恩。」(4)聖嚴法師在此，能透過因果論，弘揚建設性的生死觀，的確更提昇了罹難者的死亡意義，也更提醒了倖存者的生命責任，深具啓示作用。

所以，憨山大師強調：即便佛祖出世，也是特別爲開示這件事「而已」。他強調：「非於生死外，別有佛法；非於佛法外，別有生死。」也就是說，佛法的根本要義，就是解決生死問題，生死問題，就是佛法的最根本問題。

最後，佛教有三項特色，值得分析。

第一，佛教是自力宗教，不假外力、天啓、神力，而完全依靠生死體驗的內省功夫，或由智慧洞見、心性涵養，來發現解脫之道。而其最關鍵的關心問題，便是面對生死問題，以此向外開展人生觀、世界觀與社會觀。

第二，佛教基本上是宗教與哲學合一，這是很重要的特色。因爲基督教是宗教，但基本上不是哲學，雖然也有「知」與「信」的問題，但基本上哲學屈從於教義，如中世紀，係以哲學爲神學的「婢女」。而回教則是一手拿經、一手拿劍，也代表不可辯論，只強調人信仰。然而佛教卻既是哲學，亦是宗教，跟信徒也講道理，也講信仰。相形之下，儒學是哲學、不是宗教；道家是哲學、不是宗教；而道教是宗教，不是哲學。

所以，佛教是唯一可以辯論、甚至可以「打佛罵祖」的宗教，佛陀講法四十九年後，最後甚至要求弟子不要在意他的內容，以此強調應多自省。佛教在此甚至可稱爲「無神論」，因爲在基督教，是不允許毀基督像、罵基督的；回教也不可能允許燒毀可蘭經、神像，但佛教卻可以容忍，所謂「木佛不渡金，泥佛不渡水」，泥菩薩過江，自身難保，只是外在的形式，最重要的是「真佛內心坐」。所以，佛教的真正菁華，在強調自力的領悟與內在覺醒，因爲人人都有佛性，所以人人均可以因自力覺醒而成佛，這是佛教很特殊的特色。

第三，佛教特別強調知行合一，所謂「善知識」和「菩薩行」要能相互結合。如華嚴經裡的善財童子，拜五十二位菩薩爲師，並以文殊菩薩爲代表，就是在追求「善知識」；然而只此還不夠，另外還有「菩薩行」，是以「普賢」作代表，這就是強調「善知識」和「菩薩行」要能合一。所以華嚴經裡的善財童子，一層一層的先求善知識，拜五十二個老師，到最後還要去實習，拜普賢菩薩爲師，一步一步以實際經驗來印證這些知識，在知行結合後，彌勒佛才顯現如來佛本身，表示證成正果。所以，佛教特別強調知與行結合，堪稱重大特性。

第五節　回教的生死觀

現代國際政治學家杭廷頓（Huntington），有個新的理論主張，他認爲，今後世界將是三大文明的較勁時代。首先是以基督教爲主的西方國家，也就是以英美盎格魯撒克遜民族爲主的國家，其次是東方以儒家文化爲主的國家，最後是中東以回教爲主的國家。他基本上仍是以西方爲本位的霸權思想，因而將儒家與回教國家均認定爲潛在競爭地區，應予圍堵打壓；其主張雖不足訓，但由此例可看出，對回教的影響不可輕忽。

回教的民族性強悍，自成重要的天地，而且一直與基督教國家，形成分庭抗禮的局面；因此，對回教基本教義的認識，也有實際的需要。

回教基本上的代表性人物——穆罕默德，他出生於麥加，本身並不是神，而是從人轉化成代表神的使者，真正的神是阿拉（Allah）。上帝透過穆罕默德的口，宣告自己的聖諭，這些上帝的聖諭，最後被集結成《可蘭經》。在《可蘭經》裡，耶穌和摩西都占有很高的地位。

若論其生死觀，共有後列重點，值得說明：

第一，根據回教的死亡觀念，《可蘭經》第三章第一三九節規定：「生命的期限是上帝規定的，所以死亡是歸依於上帝的意旨，它的到來，也必須經過上帝的允許。」

根據這種看法，生死並不只是宿命論而已，更是一種宿神論。雖然形式上，回教也認爲生死有命，與宿命論是同樣的結果，可是回教的生死有命，卻是由天上的神所規定。

就這一點上來說，回教與基督教有同樣的看法，聖經《舊約》傳道書三也明講：「凡事都有定時，生有時、死有日」，並且對死亡的起源，都歸因於亞當與夏娃屈從於撒旦，違抗神的結果，所以人總是會死的，至於生命的期限，均認爲由上帝規定。

所以，《可蘭經》第三章第一五一到一五六節也提到：

「當信徒受到災難折磨時，要說：我們屬於阿拉，我們將回到祂那裡。」

第二，生與死之間，應視為神對人的緩刑期。在這個期限裡，上帝對人們進行考驗。所以，人的生命期間，就是上帝對人的考驗期、對人的觀察期；就如同刑法中，若人犯了罪，法律給他一個緩刑期間。

因此，根據回教教義，《可蘭經》第廿一章、廿九章都提到：

「每一個人必然要死亡，我以善和惡考驗你們，你們終必回返到我。」就看人在這段期間是做好事、壞事，而人們也終將回到神身邊來，所以對回教徒來說，死亡並不是一種懲罰，而是邁向最後審判中，某一階段的終結。

因此，在回教相關的經典中，敘述兩個天使，在回教徒死亡時都會來審問，祂們問兩句話：「你崇拜的是誰？誰是你的先知？」如果回答說：「崇拜的是阿拉，先知是穆罕默德」，此人便能得到安息。如果此人說不信，或排斥阿拉、穆罕默德，便會立刻受到天使的體罰、懲罰，一直到他相信爲止。即使他是好人，但只要不信阿拉，也一樣要受到懲罰，直到相信阿拉爲止。因爲神是絕對的權威，沒有人可以挑戰。

所以，在《可蘭經》第八十章第四節說：

「要讚美神，祂掌握主權，祂全能於萬物，祂造化了死和生，以便考驗你們，看誰的行爲最好。」

換言之，生命只是接受神考驗的一個階段，是一個緩衝期，最後還是要回到上帝那裡去。

第三，回教對於死亡的看法，認為靈魂來自於上帝的精神，這種精神到最後，還是會回歸上帝，回到上帝之後，下一個生命就會是另一個水準。

所以，根據回教的看法，死亡就像是一扇門，一個入口，如果跨進那個入口，便無法折返，而進入另一個階段。因此，中間並不存在著任何折返的重來機會，也就是沒有「復活」這回事，這明顯是與基督教不同。

《可蘭經》第卅五章第卅三節中，曾經描述：

「不信神的人會在地獄中，受地獄之火燃燒、痛苦，他們會大聲求助，希望主放他們出去痛改前非，但是主回答說：難道我不曾給他們足夠長的時間來反省嗎？太晚了！好好品嚐自身的懲罰吧！」

這段話在形容，若生前不能信回教，身後進入地獄的話，就本應受懲罰：若不信神、又做壞事的人，上帝是不會解救他們的。

第四，人是由肉身（bashar）與靈魂（rash）結合組成的，在人的肉身形體中，吹進了上帝之靈，而肉身和靈的結合，是由精神生命（nafs）來完成。所以，人的整體生命，是由肉身、靈魂與精神生命這三樣合成。

《可蘭經》第六十章提到：「人死之後，靈魂會離開身體。」第五十六章也提及：「如果回教的士兵要把敵人勒死，根據回教傳統，在勒死之前先鬆一下手，讓他的靈魂可以跑出來；即使是活的人，靈魂也會在睡覺時離開身體。」所以，在《可蘭經》第卅九章第四十二節說到：

「阿拉在人死時，取走他們的靈魂、取走他們的精神生命，也會在睡眠中取走他們的靈魂，然後上帝留下那些死亡者的靈魂，而送回來其餘的靈魂，一直到規定的時間。」

這就表示，睡眠狀態是沒有靈魂的，生命完全是由神所決定的，「直到復活日，又重新再和人體結合。」

第五，回教相信：在最後的審判日，每個人將依自身的確切評價，而獲得報償。

所以，《可蘭經》第十七章第十四節也提到：「我將在復活日，爲他拿出一本帳來，我告訴他，讀你自己的紀錄，今天你自己就是自己的審判人。」十八章四十九節也提到：「行爲的紀錄，將被放在你的面前，然後你將看到，有罪的人會害怕其中所載的內容，他們會說：唉呀！他們多麼悲傷呀！這是什麼紀錄啊！事無鉅細，毫不遺漏地紀錄了下來，他們將發現自己所做過的都被攤在面前，上帝絕不會虧待任何人。」

這是《可蘭經》非常強調的主題，上帝在最後審判日：對於好有好報，對於壞有壞報，絕無寬貸，絕對公平。在《可蘭經》第二章說：

「要提防你們自己被帶回到阿拉的那一天，那時每個人都會被賦予全部的應得報償，誰都不會被虧待；因此，在人間覺得冤屈的，做好事沒得到報償的，都會在阿拉那裡得到報償。」

另外，在第三、七、卅五、四十章等的許多的章節中，都有這樣的說法。如第四章第七十九、一二三節都提到：「在那天，人們將被篩選，並且分成種類，以審查他們的行爲，行善者將被善待，而惡行者也將受報應。」

重要的是，對於好的行爲，還要經過阿拉的意志才能認可。所以，只是好人，並不一定會得到好報，必須是好的回教徒，才能得到好報。

第六，回教徒相信，促使一個行為完成，其動機與意圖非常重要。一個人如果真心相信阿拉，動機很好，可是行為上做出相反的效果，或者他做了錯的事，但只要他相信阿拉，他仍能獲得赦免。

所以，穆罕默德有一個故事：有一個人，從來不曾爲家裡盡過一份心力，也不曾做過任何好事，所以心裡有些心虛，在臨終前便吩咐家人：將我火化後，把骨灰一半撒在海裡，一半撒在地裡，企圖逃離上帝的審判。

結果，上帝仍命令海洋和大地，將他的骨灰集中起來，又恢復他的原樣，然後帶到上帝面前。上帝問爲什麼他要這麼做，他回答說：「這還不是因爲對你的恐懼嗎？」上帝於是馬上原諒了他，因爲這表示，他心中還是有上帝的，代表他心中還是懼怕神的。雖然他一生中沒有做過好事，但只要他心中有神、敬畏神，一樣能得到赦免。透過這個故事，再次突顯了《可蘭經》中，神的權威性，以及必須敬畏神的重要性。

另外，回教也很強調自行負責的重要。在《可蘭經》第六章中也說：「每個人將自作自受，沒有人會承擔他人的責任。」因爲，根據回教，每一個人在面對最後審判時，都是「個人」；所以在第卅一章說：「父親無法幫助兒子，兒子也無法幫助父親，任何保護人無法影響別人。」第二章一二八節也說：「他們將獲得他們所賺得的，你們也將獲得你們所賺得的，他們的功過跟你們是不相干的。」平常，父母親或許會代爲抵過、承擔，但是在神的審判面前，每個人都必須自己承擔。因爲每個人的居心與動機，都是他自己做的決定。

這正如同祁克果所說：「每個人要面對最真實的自我」；也近似海德格強調「這是一個責任哲學」。海德格認爲，人生就是「被拋擲在這個世界上的存在」，因爲被拋擲到這世界走一趟，所以這一趟是非常孤寂的，人必須自行面對問題、擔當責任。

在《可蘭經》便是認爲：當你再回到被拋擲的原點——上帝那裡，你必須自己對上帝交待，對自己負責。這種人生觀也很明確突顯其人生觀的特色：只要動機爲善，便能面對死亡，毫無恐懼。

第七，阿拉接受那些因無知而犯罪的人，或者是犯罪之後，馬上懺悔的人。

此所以《可蘭經》第四章二十一節指出：「那些繼續犯罪，一直等到死亡降臨時，才說要懺悔的人，是無法得到寬恕的；對於那些至死仍然不信的人，懺悔也沒有用。」回教非常強調上帝的懲罰，即使在死後都非常嚴厲，人們若在死前悔改還有可能被寬恕，但死後則萬不可能。

另外，《可蘭經》第三章也說：「那些不信和至死不信的人，即使他們以全部地上的黃金作爲救贖之用，也不會被接受，他們還將受痛苦的懲罰，他們將找不到援助者。」

因此，在第廿三章一〇二節中也記載：「知道死亡降臨到其中（犯罪）的一個人時，這個人才說：我的主啊！求主使我重返今世的生命，以便使我能在犯錯的地方，痛改前非。上帝說：「不行！那只不過是他講的輕諾寡信的話，在他們的背後有一重隔障。」意思就是說，他沒有辦法再走回頭路了，人在死了之後，就在背後築起一座無法回返的高牆屏障，因此已經無法反悔，必須生前悔改才行。

所以，《可蘭經》中沒有「贖罪」的觀念，回教並不承認耶穌到人間被釘在十字架上，可以幫人救贖。回教信仰認爲：每個人自行爲他生前所做的善事或惡事負責，不能交換條件。

根據基督教的解釋，耶穌靠著自己的死亡，來洗刷眾人的罪惡；但回教徒認爲，耶穌根本就沒有死，上帝直接讓耶穌進入天堂，沒有經過死的階段。上帝賜他免於死亡，就如《舊約》中的諸亞、伊利亞，因爲他們是上帝特別鍾愛的人，而且是上帝的使者。所以，上帝讓他們免於死亡，給他們這樣的獎賞。回教徒認爲，是上帝造了一個假人，替代耶穌基督被釘在十字架上受死，所以回教徒並不相信復活這說法。

因此，《可蘭經》第四章一五六節中才說：「他們說我們殺死了阿拉的使者耶穌，但是他們並沒有殺死他，也沒有把他釘在十字架上，只是對他們顯出那樣而已。」回教徒相信，他們的確沒有殺死他，耶穌並沒有被處死刑，死的只是他的替身，這也就是有名的「基督幻影說」。

【註釋】

⑴星雲法師：《有情有義》（台北，圓神，1997年）。

⑵聖嚴法師：《歡喜看生死》（台北，天下，2000年）。

⑶同上，頁5-6。

⑷同上，頁35。

第四章
西方哲學的生死觀

第一節 希臘先蘇哲學

對於先蘇格拉底時期的哲學家，有四位代表性人物，對生死的看法，值得重視。

第一位為泰勒斯（Thales, 624B.C-547 B.C.）：

泰勒斯爲希臘米利都學派（Miletos）的創始人；他的中心思想爲「萬物流轉」（Pentarhei），並以「水」象徵萬物的「始基」。他的遺作有限，但對生死的觀念，明顯表現在「萬物流轉」的基本看法，認爲世界萬物都有生命。因此，在他看來，萬物都充滿神靈，生死也在萬物流轉中轉換，因而並不用恐懼，也不用顧忌。

中國儒家哲學同樣注重「萬物含生論」，《易經》並同樣有「萬物變易」的看法，只不過「易有三義」，除了「變易」之外，還有「簡易」與「不易」，是更爲博大精深的哲學思想。其六十四卦，明確以「乾元」開始，象徵創生精神，運轉無窮，最後一段則殿以「未濟」，象徵生生不息。其生生而條理的宇宙觀，產生天人合一、圓融無礙的生死觀，更遠非泰勒斯可及。

第二位為赫拉克利特（Heracleitos, 530-470 B.C.）：

赫氏看萬物的「始基」，並不是變化不居的「水」，而是熊熊上升的「火」，並且是永恆的活火；因此，他的生死觀也有所不同。

根據赫氏看法：

「這個世界，對於一切存在萬物都是一樣的，它不是任何神所創造的，也不是任何人所創造的；它過去、現在、未來，永遠是一團永恆的活火，在一定的分寸上燃燒，在一定的分寸上熄滅。」(一)因此，人屬於存在萬物中，如同永恆的活火，在一定的期間內生存，也在一定的期間內死亡，有其必然性存在。此其所說「人怎能躲得過那永遠不息的東西呢？」

赫氏哲學中心思想，是首次提出「邏各斯」(logos)的觀念，亦即萬物皆變中不變的必然性，或變化中不變的原則，「人有生必有死」對其而言，正屬於這種必然性。所以他首先明言：「命運就是必然性」；因爲萬物都根據「邏各斯」的必然性而生成變化，人的生死亦復如此。因此，他也強調：「我們踏進又不踏進同條河，我們存在又不存在」。

換句話說，當人們將腳踏進河中，第二次再踏的河，已非原先同樣的河。所以，他稱「我們踏進又不踏進同條河」；同理可說，我們今天的存在，與第二天的存在，已非同樣的存在，所以稱「存在又不存在」。擴而充之，也可稱「生又不生」，既然生又不生，那遇到死亡，本質上也是「不生」，又何必逃避恐懼呢？

此所以赫氏明確提出「在我們身上，生與死始終是同一的東西」(2) 在赫氏觀念中，「火」

代表「上升的運動」，亦即象徵萬物創生，而「水」代表「下降的運動」，亦即萬物毀滅。但「上升與下降的是同一條路」，他首次針對了對立面，提到兩者相反而相成的辯證統一。

因此，赫氏據以強調「生死同一條路」的觀點，他說：

「在我們身上，生與死、醒與夢、少與老，始終都是同一的東西。後者變化了，就成爲前者；前者再變化，又成爲後者。」(3)

不過，赫氏在此並非主張靈魂永恆不滅，他認爲「對於靈魂來說，死就是變成水」，甚至說「死屍比糞便更應當拋棄」，這與西方後來多數大哲人看法，認爲靈魂永恆，又有所不同。

第三位為畢達哥拉斯（Pythagoras, 580-520 B.C.）：

畢氏本身具有三項特色：第一，深具科學家的精神，此其所以能發明幾何學上著名的「畢氏定律」；第二，他也有宗教家的精神，此其所以對靈魂看法，深受當時俄耳浦斯教影響，相信「靈魂轉生」與「因果報應」；第三，他還有哲學家的精神，亦即確認哲學定義爲「愛好智慧」，而且只有透過哲學省思，才能淨化靈魂，避免轉世淪爲動物。

但畢氏的中心思想，最重要的仍是「肉體——牢獄說」（sema-soma），亦即認爲肉體如同牢獄，束縛了靈魂。所以，在他看來，人生在世，均有靈魂，然而一旦過世，靈魂離開，身體便只成爲屍體，他認爲「死亡只是靈魂暫時的解脫」，因而，並不需要任何恐懼。

另外，根據畢氏宗教信念，靈魂並非永久離開肉體，而是經過一段時期後，仍會重新轉世，進入另一個身體。這與佛教因果輪迴的信念，非常接近。只是畢氏學說並不像佛教般精細。佛教明確指出「中陰身」，爲死後過度期的形態，並以七七四十九天爲期限，而且明確指出「六道輪迴」的詳盡內容，凡此種種，均非畢氏所能望其項背。

然而，畢氏遠在佛陀之前，就已提出靈魂轉世之說，仍然値得重視。

相傳有一次，畢氏看到有人在打一條狗，他就請求那人別打，因爲他「聽出了牠的聲音，是一位朋友靈魂附在牠的身上。」(4) 由此可見，當時他已具有靈魂轉世的投胎說法；東西方宗教信念在此可以會通，深値共同參考。

第四位是德謨克利特（Democritos, 460-370 B.C.）：

德氏爲古希臘重要的唯物論者，認爲宇宙萬物的本質就是「原子」（atom）；從而影響到其生死觀，可說是自然論的唯物觀。

首先，德氏認爲「死亡是自然之身的解體」(5)，在他看來，自然身體本由「原子」組合而成；因此，死亡不過是這些「原子」的崩離與分解，並無任何超自然的現象。

另外，德氏主張：「靈魂」和世界萬物同樣，也是由「原子」組成，只不過是由一些「精緻」、「光滑」、「圓形」的特殊原子構成，所以對其形體並非輕易可見。

根據德氏，原子除了有形體，也會死亡；所以德氏堅決認為，世間根本沒有「不死的靈魂」，甚至連「神」也並非不死，只是「抵抗死亡很久」，不可能「享有不死的本性」(6)。他在這點，與「靈魂不朽」及「神仙不死」的傳統觀念並不同。

綜合上述論點，德氏認為：只有「愚蠢的人」才會怕死(7)；因為，既然人的死，是自然之身的解脫，是無可避免的，即使轉成靈魂，遲早還是會死，那又何必再煩惱和恐懼呢？

除此之外，德氏又強調，逃避死亡的人，其實，反而恰恰在「追逐死亡」(8)；因為，他們患得患失，變成雖生猶死，「與其說是活得不好，不如說是慢性死亡」。(9)

所以，根據德氏看法，真正聰明之士，應該「按照哲學所提供的好處來安排生活」；因為，唯有如此，才能生活「愉快」、靈魂「寧靜」。德氏雖然否定靈魂會不朽，但從其觀點推論，譴責貪生怕死、鼓勵人們能面對自然、追求哲學智慧，仍然值得重視。

第二節　希臘哲學

第五位應分析的為蘇格拉底（Socrates, 469–399 B.C.）：

蘇格拉底的生死觀，因其相信「神祇」和「天命」，甚至還經常提起心中有「靈異」之聲，所以對生死很豁達。

馮友蘭曾比喻「希臘三子」——蘇格拉底、柏拉圖和亞里士多德，猶如「儒家三子」——孔子、孟子和荀子。他主要從師承關係而言，其實兩者很多特色也都接近。例如，雙方都肯定理性的重要，都可稱為「健康的理性主義」；但在生死大事，都傾向「生死有命」的看法，只是兩者都未墮入宿命論，而是在「天命」之下，仍然肯定「人」本身的努力非常重要。

蘇格拉底所遺語句，其實均由其弟子柏拉圖所記載，甚至令人難以截然分出何者為蘇氏思想、何者為柏氏思想。因此，西方最近趨勢，是將兩人合稱為「蘇格拉底—柏拉圖」思想。

就生死觀而言，蘇氏的思想可分大要如後：

（1）「未經過反省的生活，是不值得活的」

根據蘇格拉底，「反省」是哲學的重要功能。生命的意義，需要經過徹底反省，才能活出更多價值；這與儒家所說「一日三省吾身」，明顯有相通之處。

正因蘇氏對「生」，強調要「反省」，才有意義；同樣情形，對「死」也要先行反省，才能死得有意義與價值，並且毫無遺憾，也無恐懼。

蘇氏本身因被控「詆毀神明」、「蠱惑青年」，而被判了死刑。但他經過充分反省後，非但沒有畏懼，甚至拒絕潛逃，反而發揮了視死如歸、異乎常人的勇氣。這種勇氣即來自其「反省」後的智慧，認為能夠死得其所、死得其法、死得其時，所以從容就死。

蘇氏有句名言：「男子漢應該在平靜中死去」(10)，他本身完全做到了；即使在毒藥發作時，他仍然談笑自若，彷彿是別人在服毒，最後還囑咐其學生要還朋友一隻公雞，表現出絕不欠債、了無遺憾的胸襟。雖然這話本身，強調「男子漢」應如何，聽來難免「大男人主義」，但其中的精神，仍然發人深省。

（2）「追求好的生活，遠過於生活」

根據蘇氏強調，既然沒有經過反省的生活是不值得活，那麼，什麼是反省的標準呢？這就是他所說「是非、正邪、善惡、榮辱」。他視這種信仰標準高於生命、高於肉體的存活，所以明白強調「追求好的生活，遠過於生活本身」。

因此，蘇氏曾經強調：「生命有價值的人，不會只計較生命的安危，他唯一顧慮的，只在於行為之是非、善惡」(11)；也就是說，他心中能以高尚的價值觀做為反省的標準，必要時能犧牲生命，以捍衛正義、明辨是非。在他心目中，「生活得好、生活得美、生活得正義，是同一回事」；也就是說，只有根據公平、正義而活，才能算是活得好、活得美。否則，即使活得既富且貴，卻活得沒有是非、沒有正義，活得毫無意義與價值，那就生不如死。

這種精神，正如同孔子所說：「不義而富且貴，於我如浮雲」與「仁人志士，殺身以成仁」，視「仁」的價值高於「身」的價值，可說完全相通。另如孟子強調「舍生取義」，寧可犧牲生命，也要捍衛正義，在此也完全一致。可見東西哲人不約而同的通性，而這種通性也正是人之所以異於禽獸的特性，同時也是人之所以爲人的偉大特性。

（3）「對於死亡本性，我不自命知之」

蘇氏在審判的自辯中，曾經明白指出：生死之間，孰好孰壞，只有神知之。

所以，他在聽完死刑宣判後，很從容的向審判官說：「分手的時候到了。我現在去死，你們去活，但誰的去路好，只有神知道。」(12)

根據蘇氏，只有上天的神創造一切萬物，也支配一切萬物；所以，只有神才是全知全能，只憑人的理性，並不足以知道萬物奧祕，因而也不足以知道死亡及陰間情形。

因此，蘇氏強調：「諸位，這也許是我不同於多數人之處，我如自認智慧過於人，也就在此：我不充分了解陰間情形，我並不自命知之。」

蘇氏這種精神，與孔子「知之為知之，不知為不知，是知也」非常相近；只是孔子更進一步強調「不知生，焉知死」，將「認識生命」做為更優先的順序，更有其積極性。

事實上，蘇氏曾經分析死後情形：「死後境界，二者必居其一：或是全空，死者毫無知覺；或是，如俗世所云，靈魂由此界遷居彼界。」(13)

由此可見，早在蘇氏時代，已有身後靈魂之說，只是蘇氏對此採「不可知論」，但求生時問心無愧，能夠死前反省無憾。這種理性自主的精神，很有其參考價值。

(4)「死可能比生更好」

雖然蘇氏認為，他對死亡的本性，不能強不知為知之，但仍在精神上，「對死抱著樂觀的希望」。(14)

因為，在蘇氏看來，人在死後可以「擺脫俗累」，所以「大有希望，此去是好境界」；尤其蘇氏認為，如果死亡能避免老年之後的無能和悲慘，那他得到的結論是「欲求一死，有甚於生」。(15)

因此，蘇氏曾經對探監的朋友平靜地說：「像我這把年紀的人，若因無可避免的死期來臨而苦惱悲戚，那就不成話了！」(16)

由此可見，蘇氏寧可很有尊嚴榮耀地死，不願苟且悲戚地生。他在此以年齡做為理由，一方面因其已到七十歲，覺得經歷過豐富的一生，不願因年老無能而破壞生命樂趣，所以寧可在高峰時結束生命；另一方面也可看出，他認爲「死期」大限根本由天命所定、「無可避免」；所以，與其無謂的掙扎，不如泰然的面對。這對求生意志很強的人們，或許不會同意，但對舒解患得患失的心情，起碼能有很大的作用。

第六位應分析的是柏拉圖（Plato, 427-347 B.C.）：

柏拉圖堪稱西方最偉大的哲學家之一，其思想體大思精，旁通統貫，幾乎囊括所有重要的哲學問題；所以，哈佛教授懷海德（A. N. Whitehead）曾經感慨：「兩千五百年的西方哲學，只不過是柏拉圖哲學一系列的註腳而已。」(17)

柏拉圖的中心思想，簡要的說，即「理型論」（Theory of Ideas），其理型論將宇宙二分爲「理念界」與「現實界」，亦即上界與下界，所以與德謨克列特的「原子論」針鋒相對，其生死觀也正好相反。

德氏認爲「死亡是自然之身的解體」，柏氏則認爲「死亡是靈魂從身體的開釋」，此中鮮明對比，有很重要的啓發。

柏拉圖的生死觀，可扼要分述如後：

（1）「死亡是靈魂從身體的開釋」

柏拉圖傳承畢達哥拉斯的觀念，認為肉體如牢獄，將靈魂困住了；因此，「死亡是靈魂從身體的開釋」。

根據柏拉圖，「理型」才是永恆存在的世界；因此，他在《斐多篇》中講：「死亡是不死的靈魂，離開肉體牢獄，而獲得釋放，重新進入理型界」。（18）

柏拉圖認為，靈魂本為不朽，如果形成「人的型式」，就降入到會生滅變化的現實界。現實界與理型界，如同上下二界，相互斷絕；因此，人的死亡，就是代表靈魂重回到理型界。

另外，柏拉圖又認為人性如同「金、銀、銅」，具有「理性」、「激情」與「慾望」三種成分；其中「情」與「欲」都會消滅、幻滅，只有「理性」可以長存。所以，死亡之後，激情與慾望均隨肉身而毀滅，但靈魂中理性、純淨的部分，仍能重回理型界。因此，人應多提昇靈魂，發揮其中的聖潔面，此亦其著名的「地窖說」精神。

根據柏拉圖，人生在現實界，如同住在地窖之中，平日所見所求只是幻相，如同地窖牆上的光影，均非實相。因此，只有拾級而上，提昇精神，走出地窖，迎向宇宙光明本體，才能走出黑暗與愚昧，向光明與理性邁進。

就此而言，死亡就是靈魂的解脫，也是進入理型的永恆光明，所以根本無需恐懼。

（2）「哲學是死亡的練習」

根據柏拉圖，人生只有不斷「專心致志於練習死亡」的智者，才配稱爲「真哲學家」(19)；在柏拉圖哲學中，人生最重要的目標，就是追求「真」、「善」、「美」，而真善美的本體，就是「阿卡東」(agathon)，也就是宇宙光明的本體。

柏拉圖在《饗宴》篇中曾經比喻，人體本來渾圓，後來被神一切爲二，才成爲現在的形體，只有一個鼻子、一個嘴巴；因此，人永遠在追求另一半，這過程即爲「愛」(eros)，而重新回到渾圓的本體，即爲圓滿的「美」。

在柏拉圖哲學中，「真」等於「美」，亦等於「善」，但只存在於理型界中；人生追求真善美的過程，就是「哲學」。既然真正的真善美，只存在於永恆的理型界，所以只有死亡之後，才能真正達到。因而就此意義而言，哲學就是「對死亡的練習」。

當然，柏拉圖並不是說，一個人如果盲目的尋死，就是哲學智慧，更不是說，愚昧的自殺，就是哲學；而是說，在追求真理、善行與美德的過程中，終身「生死以之」的努力，就是哲學。這正如同儒家所說「朝聞道，夕死可矣」，這裡的「道」，正如同柏拉圖所說的「真、善、美」，爲了追求真理，可以生死以之，其中過程就是哲學。此中追求真理，甚至以生命捍衛的精神，非常值得重視與欽佩。

（3）「靈魂不死，可以證明」

柏拉圖承繼畢達哥拉斯的觀念，認爲靈魂不死，但他並非源自宗教信仰，而是從哲學論點多方的證明。他爲了排除很多人擔心，人死後靈魂可能滅亡，所以在《斐多篇》、《曼諾篇》、《斐德羅篇》、《智者篇》，乃至晚年的《理想國》、《法律篇》，都曾詳盡的對「靈魂不滅」加以論證。

柏氏曾經以「回憶說」、「理型論」、「靈魂結構論」等對此證明，然而影響後世最大的，仍是其「本質論」與「道德論」的說明。

在本質論中，柏氏定義靈魂的本質爲「能夠推動自己運動的東西」[20]，因而必定是「最初的東西」、「在一切事務中最先存在的東西」；所以，也必定是「永恆和不朽的東西」[21]。此所以他在《斐德羅篇》中強調：「凡是靈魂都是不朽的——因爲凡是永遠自動的，都是不朽的。」

另外，從道德論，柏拉圖也指出，因爲在現世中，行善未必善報，行惡未必惡報，所以實際上的酬報，就應求之於靈魂的永生。此即其在《國家篇》中說：「靈魂是不能被某種惡的東西消滅的，不論是內在於靈魂的惡，還是外在於靈魂之惡。因此，靈魂是永恆地存在著的，假使靈魂永恆存在，那它一定不朽了。」[22] 此中推論，也很值得重視與參考。

第七位應分析的為亞里士多德（Aristotle, 384-322 B.C.）：

亞里士多德是柏拉圖的學生，跟隨柏拉圖在學院中學習，長達廿年，但他很多思考後來都與柏氏不同。他有句著名的格言，就是「吾愛吾師，吾更愛真理」。

米開朗基羅曾經有幅著名油畫，很生動的刻劃出兩者基本上的不同：柏拉圖一手仰指上天，一手捧著論宇宙的《提麥奧》（Timaeous）；亞氏則一手俯指地面，一手捧著論人生的《倫理學》（Ethics），象徵柏氏重心在上天，亞氏則重心在地面，兩者生死觀的差異，也很明確的可以看出兩者鮮明的不同。

亞氏對生死的看法，很多均是針對柏氏而提出異議，重點可如後述：

（1）「整個靈魂在人死後，繼續存在是不可能的」

亞氏在《論靈魂》及《形上學》中，很明確的反對柏拉圖靈魂不朽論，也反對柏氏的靈魂輪迴說。他強調：「整個靈魂在人死後，繼續存在是不可能的。」(23)

柏拉圖認為，靈魂獨立而存，不依附於人身；亞氏卻認為，靈魂就是人身的生存形式，人的靈魂與身體是統一的，身體一旦毀滅，靈魂也就跟著死滅了。(24) 亞氏在此強調，人身與靈魂有「統一性」與「共生性」，與柏氏就完全不同。

除此之外，亞氏還強調靈魂對人身的「依賴性」；他從「潛能」（potentiality）與「實現」（actuality）的理論來看，認爲靈魂的本性，就在實現人身的潛能，並非另外還有自身的潛能。它本身就是「身體的某種東西」，是身體的「本性和能力」(25)，並未有其自身本性。所以，靈魂在人身死後，自然不可能再存在。

雖然如此，亞氏卻認爲，人可以靠著種族延續與後代子孫，而永恆不死。所以他在《論靈魂》中說，既然完全同一的個體不可能永遠保持不死，那麼，「以某種和它本身類似的東西，繼續它的存在，便成爲唯一可能的方式。」就此而言，亞氏與孟子所說「不孝有三，無後爲大」便有相通之處，共同以「有後」做爲永恆不朽的另一種方式。

(2)「神聖理性不死」

柏拉圖在《國家篇》和《法律篇》中，曾提出靈魂二分說，把靈魂分成「理性部分」和「非理性部分」，認爲靈魂的理性部分能夠不死；但亞氏卻不認同。

亞氏認爲，靈魂之理性部分應再二分爲「能動理性」和「被動理性」；他在《論靈魂》中強調，只有「能動理性」或「神聖理性」才會不死，至於被動理性，則和人身同樣會有死亡。

根據亞氏看法，靈魂中藉以思惟判斷的部分，即理性部分，稱作「心靈」。人的「被動心靈」需依賴肉體感官，所以是會死亡的；但「能動心靈」具有原創性，它是「和光一樣的積極狀態」。因而，「在一個意義上，光使潛在顏色變成了實際的顏色」，所以只有這種「能動心靈」才能永恆存在。

另外，亞氏強調，「能動心靈」是自由的，不受肉體感官影響，但「被動心靈」則是不自由的，會受肉體感官影響。

因此，根據亞氏，「能動理性」中的「能動心靈」，是外部進入人身靈魂的「神聖精神之閃光」，是人身上的「神性」(26)。所以，它是「不死的」、是「永恆的」，他更據此稱爲「神聖理性不死」。

(3)「我們應盡力過理性生活，使自己不朽」

根據上述，既然亞氏認爲，只有神聖理性才能不朽，所以人們只有活出神聖理性之光，才能使自己真正不朽。

換句話說，亞氏認爲：人們只有盡力發揚本性中的神性，將人潛在的神聖理性充分實現，透過理性而立功、立德、立言，才能使本身真正不朽，這與中國文化所稱「三不朽」很有異曲同工之妙，只是論證過程更爲精細。

在柏氏看來，人們身上的神性(或稱神聖理性)，雖然很微小，但其力量和價值卻遠遠超過其他一切，同時也是使人們不朽的唯一動因。

柏氏曾經強調「理性比任何其他東西更加是人」，因而「符合理性的生活，就是最好和最愉快的生活」。亞里士多德則據此強調「人是理性的動物」，兩人在此仍然相通；這與孟子所說「人之異於禽獸者幾希」相通，都認爲人與其他動物不同之關鍵，就在深具理性，若能充分發揚理性之光，就能成爲神聖理性，自然就能不朽了。

孟子所說「充實之謂美，美而有光輝之謂大，大而化之之謂聖」，其中從充實理性，推展到光輝神聖，可謂東西方完全相通。

（4）「死亡是可怕的，但可以用勇氣和美德克服」

根據亞氏，「死亡是終結，而且對於死者來說，一切東西都隨著他個人的死亡，而喪失了其全部信仰。」(27) 因此，死亡仍然是可怕的。

亞氏此說，如同《聖經》中所強調的「即使贏得了全世界，但若失去生命，又有什麼用？」相傳凱撒大帝去世前曾有遺言，要求死後，先將其雙手攤開，部屬問其用意何在，他說：「要讓世人知道，即使凱撒大帝過世，兩手也是空空。」

因此，生命與生存，對一般人來說，當然極爲重要；相對而言，一般人對死亡心生恐懼，當然也是人之常情。亞氏對此人性知之甚詳，只不過亞氏也曾更進一步指出，人生還有更高的價值，重於生命；例如，追求正義、追求榮譽，在亞氏看來，更高於生命。所以，他認爲：人們可以依靠勇氣和美德，來克服對死亡的恐懼。

亞氏並曾舉例說明：

「當雇傭兵面臨巨大危險時，總是變成懦夫，但公民武裝，則往往肯以身殉職……因爲對於後者來說，逃跑是可恥的；而死亡，據這些人的看法，則比安全更可取。」(28)

就此而言，亞氏的生死觀，與蘇格拉底所說「愚蠢的人才怕死」完全相通。其老師柏拉圖認爲，真正哲學家根本不怕死亡，而是在追求真、善、美（與正義）中，能看破生死，兩人在此可說有異曲同工之妙。

第八位應介紹伊壁鳩魯（Epicurus, 341-270 B.C.）：

希臘哲學家除了上述的「雅典三子」（蘇格拉底、柏拉圖和亞里士多德）外，還有傾向唯物論的著名哲人伊壁鳩魯。

伊氏在哲學上的特色有三：一是師承德謨克利特的「原子論」；二是堅持「以感覺與感觸作根據」，堪稱西方哲學史第一位「感覺主義者」；三是特別重視「快樂」，以此爲「幸福生活的根本原則」，因而也是西方著名的「快樂主義者」。(29)

所以，面對生死，伊氏特別強調三種特色，可用三句名言表達：

（1）哲學是「治療靈魂的藥劑」

在伊氏來看，追求知識，本身就是目的，其樂無窮，此其有句名言：「只找到一個原因的解釋，也比成爲波斯人的國王還好。」在他心目中，王位權勢都不足惜，因爲那只會困擾靈魂清神，只有誠心追求智慧—亦即「哲學」，才能提昇靈魂，進而治療靈魂。

根據伊氏，幸福是人生第一要義，也是哲學第一要義，而幸福最基本的標準，就是靈魂的健康和寧靜。反之，最爲損害靈魂健康的就是死亡（30），而使得死亡有損靈魂健康的原因，就是無知。所以，只有研究哲學，吸收高深知識，才能克服愚昧，也只有如此，才能治療靈魂。

（2）「死亡是一件和我們毫不相干的事」

伊氏認爲，人和萬物相同，均由原子偶然聚合而成，當這些原子組合在一起，稱爲「生」；但當它們離散，就稱爲「死」。所以，死亡和人本身其實並不相干；這些基本的原子可能在人死後，又重新透過偶然因素，形成另一個人或動物，所以這些和人也是毫不相干。

所以伊氏強調：

「死對於我們無干。因爲凡是消散了的都沒有感覺；而凡無感覺的，就是與我們無干的」（31）

伊氏在此的看法，顯然與佛學完全不同。佛學的「因緣說」認爲，人間悲歡離合，全有因果緣份在內，絕非「偶生偶成」，而是「緣生緣滅」，即使緣滅也還有千絲萬縷的因緣，形成綿密萬分的六道輪迴。伊氏因爲屬於唯物論者，所以在此立論過分簡化，甚至過份粗糙。

（3）「賢者既不畏懼死亡，也不厭惡生存」

因爲伊氏是典型的精神快樂主義者，所以他很重視幸福生活，他稱「幸福生活」是「我們天生的最高善，我們的一切取捨都從快樂出發」。但是値得注意的是，他所說的快樂，並不是指放蕩者的快樂，或肉體享受的快樂，而是指「身體無痛苦和靈魂無紛擾」(32)；所以，在他看來，擁有哲學智慧的賢者，「既不畏懼死亡，也不厭惡生存」。(33)

就此而言，伊氏在相當程度上，企圖破除宿命論，所以他對「命運」曾經宣戰：

「我已經預感到了你——命運，我已經以壕溝防禦自己，以免你的偷襲。我們絕不會像俘虜一樣屈從於你或任何別的機運；但當我們走的時刻來臨時，我們將蔑視人生，蔑視那些徒勞迷戀人生之人，我們將聽任人生高唱我們生活得很好的光榮凱歌。」(34)

換句話說，伊氏強調面對生死問題，當命運中的死亡還沒來時，「好好地活」，在死亡到來時，「好好地死」，就是他的豁達態度，這與貝多芬在「命運交響曲」中，昂然知命而不畏懼命運，可說極爲相通。

第三節　近代西方哲學

第九項要分析的是歐洲理性主義（Rationalism），其中有三人為主要代表：

首先，法國哲學家笛卡兒（Descartes, 1596-1650 A.D.），是理性主義的創始人，也被稱爲「近代哲學之父」。

他的中心思想，是建立了「心物平行二元論」，認爲「心靈」與「物質」均爲同樣層次的「實體」（substance）。另外，因爲「神」最能保障「清晰、明瞭」（clear and distinct）的認知，所以屬於第三種實體。

根據笛卡兒看法，「我們的靈魂比身體更恆久」(35)，也就是認爲靈魂不死，因而對死亡用不著恐懼。

在他看來，靈魂在人死後，會從身體撤離，但並不因爲身體的死亡而死亡，甚至仍然完好無損。

「靈魂具有這樣一些性質，它同廣延毫無關係，同組合成身體材料的大小和別的特性，也毫無關係，而是同它的整個組裝相關……當身體器官崩解時，它本身就整個從身體撤出了。」(36)

換句話說，笛卡兒強調：「我們的心靈有一個完全獨立於身體的本性，因此也決不會與身體同死。我們既然見不到別的毀滅心靈的原因，自然會因此斷定，心靈是不死的了。」

綜合而論，笛卡兒的靈魂不死論，在理性主義時代，貫穿了主流思想，後來史賓諾莎（Spinoza）也受到很大的影響。

其次，理性主義的第二位代表，是史賓諾莎（Spinoza, 1632-1677 A.D.），他認為「自然」（nature）即實體、即神，很能與莊子「萬物與我並生，天地與我合一」相通。

因此，史氏認為：自由人的智慧，不是沉思於死，而是在沉思生[37]；「他不受怕死的情緒所支配，而直接地要求善」，亦即他根本超脫死亡陰影，而對生的善行全力以赴。

根據史氏，只要人心追求行善，就必定能進入神的氛圍；因此，「保持生命」之道，就在於「知神」[38]。這與《尚書》中「知人曰哲」比較，很有相輔相成之妙。因為中國《尚書》稱「知人曰哲」，但儒家又強調「天人合一」、「通天地人之謂儒」，而在史氏看來，等於說「知神曰哲」，兩者之間很能相通。

所以史氏也曾強調：「人的心靈，不可能隨身體而完全消滅」[39]，只要能活在神的氛圍內，「包含在神內」，就能超時空而永恆。

第三位，可以推萊布尼茲（Leibniz, 1646-1716 A.D.）為代表，他是以「單子論」（Theory of Monads）形成生死學的特色。

萊布尼茲曾經研習中國易經，而深爲讚嘆中國文化之精深，甚至曾經申請加入中國籍，唯因被拒而深感挫折，並將其心情寫於日記中。美國麻省理工學院出版的《萊布尼茲與易經》，對他與易經的淵源，敘述甚爲詳盡。

簡單的說，萊布尼茲的「單子論」，既不同於笛卡兒的「心物二元論」，也不同於史賓諾莎的「整體一元論」，但可稱爲「一體多元論」。然而，他同樣肯定靈魂不死，「根本沒有嚴格意義下的完全毀滅」，只是他所用的論證方法不同。

根據萊氏，若從單子論證明靈魂不死，首先要知道，「單子」就是「組成複合物的單純實體」，也就是本身「沒有部分的實體」，因而「不可能有廣延、形狀、可分性」，當然就沒有毀滅和死亡。

另外，因爲萊氏主張「預定和諧論」（Pre-established Harmony），認爲宇宙萬物之間，存有預定和諧的關係，靈魂和身體之間，同樣也有這種和諧關係。所以，所謂死亡，只是靈魂從一個形體逐步進入另一個形體，因而不可能完全毀滅。

從某種意義而言，萊氏這種「預定和諧論」與易經廣大旁通的宇宙論，以及佛學的因緣輪迴說，具有一定程度的相通脈絡，與華嚴宗的「圓融機體論」更有神似之處，值得重視。

第十位要談論的是康德（I. Kant, 1724-1804 A.D.）

康德是德國重要的大哲學家，總結對理性主義的批判，以及對英美經驗主義（Empiricism）的超越，成爲世界性的大師；若論他的生死觀，更有很多獨到特色，可以分述如後。

（1）靈魂不死，並沒有邏輯的確定性，但卻有道德的確定性

根據康德看法，「靈魂永生，若僅僅被看成內在的感受對象，依然沒有得到證明，而且實際上也是證明不出來的」(40)；然而，這並不代表康德否定靈魂不死。因爲從道德需要來講，仍有其必要性與確定性。

換言之，康德認爲，「靈魂不死」雖然無法與自然過程類比而得到證明，也就是無法具有邏輯的確定性，但卻可以根據道德或形而上學，而得到確定性。

根據康德看法，每個人心中都有「無上的道德命令」，作爲內在呼喚，這就成爲「有力的和無可爭議的證明」；這些即他所稱的「靈魂不死的道德證明」。

因此，康德曾經宣稱：「我不可避免地相信上帝存在，相信來世生活，我確信什麼也動搖不了這個信仰。」他又強調，這種信仰「不是邏輯的，而是道德的確定性」。

根據康德哲學，對於「人」的反省，有四項重要議題：一、人能知道什麼；二、人能做什麼；三、人能信仰什麼；四、人是什麼。

在這四項中，第一項屬於「純粹理性批判」的對象；第二項屬於「實踐理性批判」；第三項有關信仰的問題，就是超乎理性的「道德形上學」；第四項則是對「人」的本質性思考。由此可見，康德歷經層層理性批判，最後仍然進入信仰，成為人之所以為人的特色，就此而言，他最後仍然肯定靈魂不死，深值中外學界共同重視。

(2)反對自殺，因其並非「普遍的自然律」

康德在《道德形上學》中強調：

「你只有一個無上的道德，這就是：只能照你願意它成為普遍律令的那個準則去做。」(41)

換句話說，康德所稱無上的絕對道德命令，本身必須具有普遍的準則，人人共同能肯定的準則，但自殺明顯與此相反，所以不能成為普遍的自然律，因此不應該被允許。

此即康德所稱：

「我們立刻看到：假如『一個自然系統，專門以促進生活感情為目標，卻又以毀滅生命為方法』是個定律，那麼這個系統本身就自相矛盾，從而就不能作為一個自然系統而存在。因此，上述準則便不可能成為普遍的自然律。」(42)

就康德而言，人本身就是目的，而並非手段，所以有其獨立存在的意義與價值。因此，無論人生有多痛苦，無論感情有多挫折，仍應堅強的活下去，不應透過自殺而毀滅掉生命自身。所以，他堅持反對自殺。

雖然康德反對自殺，但是如果爲了國家利益而奮勇犧牲，則是「軍人的勇敢」，不可一概而論。此所以康德曾強調：「如果心靈通過思考，而鎭靜地承擔危險，那就是勇敢。」換言之，如果經過心靈的充分反省，瞭解「捨生爲國」的莊嚴意義，從容鎭靜地承擔危險，卻反而是勇敢，這與爲私情而自殺，完全不能相提並論。

（3）「想得越多，做得越多，你就活得越長久」（43）

根據康德哲學，「勞動是享受生命的最好方式，無聊則是人生最可怕的負擔」；所以，在他看來，「想得越多，做得越多」，都代表勞動越多，所以就活得越長久。這與曾文正公名言：「精神愈用而愈出，智慧愈苦而愈明」，可說完全相通。

在康德看來，人生應有高尚理想與偉大抱負，然後有計畫地全力以赴；唯有如此，本身才能充滿生命動力，精神才有寄託，奮鬥才有目標，生活才有重心，這就具備了「活得越久」的條件。

此所以康德曾說：

「爲了實現一個偉大抱負，去進行按部就班、勇往直前的工作，結果就充實了時間（因爲工作延長生命），這是使自己生活快樂，且滿足於生活的唯一可靠手段。」（44）

這段名言，對於很多渾渾噩噩、雖生猶死的人們，的確是重要的警句，深值大家共同重視。

第十一位應評論黑格爾（Hegel, 1770–1831 A.D.）：

黑格爾哲學在生死觀上，深受費希特（Fichte, 1762-1814 A.D.）影響。費希特曾在法軍監視下，在柏林大學講堂，昂然無畏的發表了十四位演講，成爲著名的《告德意志民族書》，他之所以能夠看破生死，無懼死亡，正因爲他具有豁達可敬的生死觀。根據費希特哲學，靈魂不死即代表「純粹自我」和「上帝」不死；因此，個人死亡即是同上帝合一，何懼之有？

此即費氏所稱：「死亡對我來說，是最微不足道的……對我自己而言，死亡之時，就是一種嶄新的、更壯麗的生命誕生之時。」(45)所以，對費氏而言，死亡是件好事，可以把人帶回上帝、帶到來世、帶到完善的世界；這種思想，影響黑格爾，而認爲「死亡是對上帝之愛的最高行爲」。(46)

黑格爾的生死哲學，可以歸納分列如後：

(1)「死亡是一種揚棄」

黑格爾哲學最有特色的貢獻，即在其辯證法（Dialectics），因爲辯證法以「否定」爲重要方法，以「揚棄」（Aufhebung）爲重要過程，用在人生，即在探討「揚棄人生」之哲學，亦即死亡哲學。

所以，科耶夫曾對此詳論：「黑格爾之辯證法或人類學，歸根到柢，也就是一種死亡哲學。」(47)

在黑格爾辯證法中，他把「否定之否定」視爲精神發展的基本公式，並把否定性看成精神之「魔力」所在。這種自我否定的精神，正是「死亡」的特色。

所以，黑格爾在《精神現象學》中說：

「精神的生活，不是害怕死亡而倖免於蹂躪的生活，而是敢於承當死亡，並在死亡中得以自在的生活。」(48)

換句話說，死亡是一種「揚棄」(Aufhebung)，所謂的「揚棄」，並不僅代表否定，也具有肯定某部分的意義；亦不僅代表取消，同時還代表「保存」一部分、「提昇」一部分。換言之，因爲有死亡的否定性，才能更提昇「生命」的內涵與意義。從一方面而言，這是精神的自我否定；但從另一方面而言，卻也是精神在「正」「反」相對、揚棄上昇後的「合」。

(2)「死亡是意識的自然否定」

根據黑格爾，生命是「意識」(consciousness)的自然肯定；而死亡則相反，是「意識」的自然否定。

他在《精神現象學》中曾提出，存在兩個「正反相對的意識形態」，一是主人意識，一是奴隸意識。

所謂主人意識，是指那種「獨立意識」，純粹的自我意識，其本質是「自主存在，也就是敢於作自己主人、敢於拚命、敢於承當死亡、樂於一死的意識。

所謂奴隸意識，則是「依賴意識」，其本質是為對方或他人而存在，也就是「對於他的整個存在懷著恐懼」。在這一種人中，「死的恐懼在他的經驗中，曾經浸透進他的內在靈魂，曾經震撼過他整個軀體」。因此，終生被他人掌握，在外在的陰影恐懼中生活。

因此，根據黑格爾，唯有看破「死亡」，才能否定外在陰影的恐懼，也才能否定內在靈魂的恐懼，唯有如此，才能將精神不斷上升，進而達到「絕對精神」的永恆。

換言之，黑格爾認為，死亡就是上帝與人的重新融合。所以，「透過死亡，上帝使世界和諧起來了，使祂本身永恆地同祂本身和諧。」

黑格爾辯證法，基本上在突顯衝突矛盾，但在最高的絕對精神，亦即「死亡」之中，反能達到人與上帝的「和諧統一」，消除人與人的「異化」（alienation）、人與自我的異化、乃至人與上帝的異化。此中契機在於看破生死，直通上天，融而為一，的確發人省思。

（3）凡開創新世界英雄的死，都是悲劇性的

在黑格爾《歷史哲學》中，世界精神必須通過「世界歷史人物」，才能突顯出來；因此他認為，「英雄造時代，時代造英雄」，是同時並存的現象。

然而，黑格爾認為：凡開創新世界的英雄，其死亡都是悲劇性的。因為，他們的獨立意識，多半會與當時的世俗制度衝突。此所以他曾舉蘇格拉底為例，認為其死亡，乃是其意識精神與雅典世俗制度衝突的必然結果。

另外，他也曾舉亞歷山大（年輕時過世）、凱撒（被刺）和拿破崙（被流放至死）為例，證明他們的死亡方式，並非「偶然」，而是「必然決定」的，他們是真正悲劇與悲壯的見證。(49)

但是，這些英雄人物被毀滅的只是他們「個人」，而並非他們的精神原則(50)；在黑格爾看來，這些英雄人物代表的精神原則，正是他們各自獨立意識的伸展，所以代代傳承，足以永恆，不會死亡。

這與中國所論聖賢英雄，也有相通之處。文天祥曾指出：「哲人日已遠，典範在夙昔。」雖然這些悲劇英雄已經過世很久，成為歷史人物，但他們的精神典範，卻已經長留人間，永恆不朽了。

此中不同的是，中國論述英雄聖賢，並不以成敗論英雄，而是以精神人格論評，此所以像「伯夷叔齊」並無重大事功，卻因傲骨風範，而被稱讚為「聖之清者」。關公在世時，事功也並非特顯赫，然仍因其忠義精神普受敬仰，而流芳萬世。

換言之，中國的英雄聖哲，是人人可以盡其在我，而達到的境地。相對而言，黑格爾所說的英雄人物，則須先有重大事功，那就必須有外在條件配合，並非人人可及。相形之下，中國哲學更重人們操之在我的部分，此中突顯的人文主義精神，更明顯值得重視。

第四節　當代西方哲學家

第十二位，要評論的是尼采（F. Nietzsche, 1844-1900 A.D.）：

尼采最著名的學說，就是「超人哲學」。

在《查拉圖斯特拉如是說》中，尼采開宗明義就寫道，查氏在高峰上，面對著太陽，發人深省的問道「太陽，太陽，如果沒有你所照耀的人類，你又何從偉大？沒有你所溫暖的大地，你又何來光明？」然後即轉頭下山。

這段話的寓意，明顯代表「超人」的特色—既能將精神向上提昇，到達高峰，又能將胸襟向下同情，關心世人。用佛學《華嚴經》的話說，就是「上下雙迴向」。用《莊子》超越哲學的話，就是既有精神向上提昇的「逍遙遊」，也有向下同情的「人間世」。

尼采這種「上下雙迴向」的超人哲學，就決定了他獨特的生死觀—既能超脫生死、克服人生苦難，也能同情萬物，回歸大地。

此所以尼采明確反對叔本華生死觀的悲劇主義論調；叔本華認爲人生充滿痛苦，最後難免一死，因此「人生乃是得不償失的交易」(51)。尼采明確加以批評，並且強調「苦難根本不是對生命的根據」。

從尼采的超人哲學看來，即使蘇格拉底勇敢面對死亡，值得欽佩，但他之所以勇敢的理由卻是「生命痛苦」，對此應該反對。尼采批評蘇格拉底「像他那樣一個曠達，而且在整個人生都像個英勇士兵般的人，竟然會是一個悲觀主義」；所以，尼采後來呼籲世人「必須凌于希臘人之上」，亦即超越蘇格拉底哲學，而直溯從前的希臘悲劇，才更能體認生命中的奮鬥意志與創造精神。

尼采也常用美女比喻人生：這個美女沒有恆心，不夠溫順，時而承諾、時而抗拒，令人又愛又怕，但因此卻更有魅力；人生亦復如此。尼采認爲，雖然他的生活是可怕的重擔，但他仍願挺身而出，做「人生的辯護者」；因爲，這才符合真正「超人精神」，既能超越痛苦，又能創造生命的新契機。

此所以尼采特別用「精神三變」比喻人生；也就是從「駱駝」、「獅子」，最後歸於「嬰兒」，分別代表從駱駝「堅忍負載」的精神，到獅子「自由的精神」，乃至於嬰兒所代表的「創造精神」。嬰兒的象徵，代表一個「新的開始」、「一個初始的運動」、「一個神聖的肯定」。(52)

根據尼采，唯有如此，用創造精神充實人生，才能真正「成就人生」，也才能達到「成就之死」。此所以尼采說：「當你們死，你們的精神和道德，當輝煌的如同落霞之環照耀著世界，否則你們的死是失敗的。」因此，尼采強調，人生必須勇於創造「成就之生」，以達到「成就之死」，並應避免「失敗之生」與「失敗之死」。此中真義，仍然深值省思與力行。

第十三，要評論的是存在主義（Existentialism）中，胸襟豁達的德國哲人雅士培（Karl Jaspers）：

雅士培患有小兒痲痺症，上小學時，每上運動課，只有眼睜睜看著別的兒童歡笑跳躍；但難得的是，他並未因此而有悲情，反而更加努力奮發、愈挫愈勇，終於成為一代哲人的世界地位。他的奮鬥歷史，很值得世人共同效法。

雅士培可說是存在主義的重要代表，尤其，他深具歷史性的宏觀，奠定了世界性的思想家地位。他最有名的學說，即是提出「軸心時代」（The Pivot of History）。

他認為，西方前五世紀左右，在東方出現了中國的孔子、老子等大哲，以及印度的釋迦牟尼，西方則出現了蘇格拉底、柏拉圖等大哲，盛況堪稱世界性的高峰，因而可稱歷史的「軸心時代」。所以，雅士培呼籲當代世人也能擴大心胸、提昇境界，進而見賢思齊，再開創另一次「歷史的軸心時代」，其格局恢宏、氣勢磅礡，深值重視。

此所以雅氏曾經發表「世界大哲學家」（The Great Philosophers），將東方孔子、老子、佛陀，與西方柏拉圖、康德等並列，縱橫馳聘於東西方哲人的智慧領域中。他的生死觀也同時受到東西方大哲影響。

雅士培在一九四八年曾經提出一句名言：「從事哲學即是學習死亡」，可說是其重要的核心觀念。

他這名句，與柏拉圖所稱「哲學是死亡的練習」有所不同，柏拉圖是從理型論出發，強調「驚奇是哲學的根源」；而雅氏則是從「存在論」出發，強調「震驚是哲學的根源」。

根據雅士培，只有存在主義才是最深刻的哲學，因爲它從最真切的存在感受出發，而最真切的存在感受即是「震驚」。因此，「震驚」可稱爲「哲學最深刻的起源」，比起平常時期的「驚奇」，自然更爲震撼人心，因而更能深刻反省。

雅士培認爲，有四種「邊緣處境」令人震驚。其中第一個首推「死亡」，其次則是「苦難」、「鬥爭」和「罪過」。因爲，死亡是最明顯的「邊緣處境」，陰陽只是一線之隔，跨此一步，天人就會永隔，就會喪失所有摯愛的親人、朋友，也喪失所有榮華富貴或名利權位；屆時，一切雄心壯志都會失去意義，一切世界美景也都失去意義。

雅士培曾以「一面圍牆」比喻死亡。他認為，任何人碰到這面牆都必定會撞到，而且必然失敗，無法跨越。面對這種情境，因為一牆之隔所造成的天人永別，就是最令人震驚之處。因此，針對這種最令人震驚的「邊緣處境」，應該如何自處、如何思考，就是哲學最大的考驗。

此其所以強調，體驗「邊緣處境」和「真實生存」是相同的經歷。「只要我們矇著眼睛邁進邊緣處境，我們就成為我們自己了」；換句話說，只要人們深自體認「邊緣處境」的震驚，就能看穿一切虛名、虛榮、虛華，真正活出實在實存的自我，成為「真人」。(53) 此中領悟，確實值得參考。

尤其，雅士培強調：人生應該面對死亡，抓緊「當下現在」，並以歷史使命感超越「存在」，放眼未來歷史評價，才能真誠的活出生命意義。其超越精神來自統攝東西大哲的胸襟，的確很能發人深省。

第十四位，應分析的是海德格（Heidgger，1889-1976 A.D.）：

海德格哲學，基本上肯定人是「被拋擲的存在」，也是「邁向死亡的存有」（Zeit zum Tode）；所以，人生觀即人死觀，人應面對死亡，完成責任，才不會枉度一生。

換句話之，「死亡」才可以使每人的「此在」個別化，從而「本質地作為它自己而存在」。(54)

根據海德格，「存在先於本質」，每個人的死亡所代表的意義，更是各不相同，死亡的方式與時間、空間，也各不相同。因此，針對每人「於此存在」（Da-Sein，簡稱「此在」）的「此」，只有死亡才可以將其特色突顯。

所以，海德格在《存有與時間》（Zein und Zeid）中說：「死亡是『此在』最本己的可能性」，「只要『此在』生存著，它就實際上死著。」

因此，海德格主張：死亡也是一種「此在」，剛一存在就承擔起來「去存在」方式，或者說，人根本是一種「邁向死亡的存有」，也是一種邁向死亡、卻必須承擔的存有。

海德格在評論《浮士德》中，曾經借惡魔之口，宣稱他自己是黑暗，但卻是「產生光明的黑暗」。對此而言，難怪論者比喻，海德格雖稱「死亡是此在的終結」，但卻是使「此在」成爲「此在」的終結。(55)

換句話說，死亡是使「人」成爲「人」的終結；而此地所稱的「人」，不是空泛的指眾人，而是具體的指「此人」。

因此，對海德格而言，存在主義就是活出個人的特色，突顯「此人」所以成爲「此人」的意義與價值，而死亡恰恰正是完成此一特色的終結者；就此而言，他從中發掘出了死亡的積極性、獨特性。另外，他更強調「盡責」的重要，以這個做爲「此人」之所以成爲「此人」的動力，從而完成「盡責哲學」；此中深意，也很值得參考。

第十五位，應分析法國存在主義者沙特（J. P. Sartre, 1905–1980 A.D.）：

沙特與海德格基本上的不同，表現在他的代表作《存在與虛無》（Being and Nothingness）。其中重點在論「虛無」，他從虛無詮釋存在，並論證人的主觀性和自由意志，以此看待死亡。這與海德格的《存在與時間》不同，海氏是以「時間」詮釋存在，從而認定死亡有其生命意義。沙特則認爲，死亡並不能賦予生命的意義。

沙特同意雅士培對死亡所做的「圍牆」比喻，但加以更寬闊的詮釋，認爲它是「人與非人」、「生命與非生命」的交界，因而可看成「特別無人性的狀態」，或者「人類生活的結局」。針對這種結局，沙特特別用古羅馬的神話「雅努斯」（Janus）比喻，雅努斯專司掌門，但其形象，有時爲門，有時則爲兩面人，象徵有兩面性。沙特認爲，死亡也有兩面性，一種是對生存的否定，另一種則是完成生命的決定性關頭。他本人顯然贊同第一種，而海德格則贊同第二種。

另外，根據海德格，死亡是「最本己的」，最具個體的獨特性。因爲「死亡是唯一任何人都不能替我做的事情」，但沙特卻不信。

沙特認爲：「這完完全全毫無根據」，因爲，死亡只是「一個偶然的事實」，並不能從外面賦與生命意義，它只和任何平日瑣事一樣，看似有個體性，其實均是偶發性，並不具有意義。

沙特在此充分展現其「虛無主義」（Nihilism）的本色，認為人生充滿偶然，並無特別意義。但就人生責任而言，海德格的「責任哲學」，顯然比沙特更具生命的意義感。

除此之外，針對海德格所說的「邁向死亡的存有」，沙特則認為，「人是絕對的自由，人就是自由」，因而「我不是為將去死而自由，而是一個要死的自由人」（56）。

其實，海德格強調的，是人在先天就註定為「被拋擲的存在」，然後，因盡其責任才使生命有意義。但沙特割裂了這一段時間之流，只強調在此世的「自由」。因其所稱「絕對自由」，並未平衡的強調責任，容易陷入放任，缺乏責任感，所以並不足為訓。

第十六位，要評論的是懷海德（A. N. Whitehead, 1861-1947 A.D.）

懷海德以其「歷程哲學」（Process philosophy）著稱於世，因其體大思精，如同易經哲學，廣大悉備。在其名著《歷程與實在》（Process & Reality）中，最能表現此種一貫精神，堪稱英美世界第一大哲學家。

懷海德之歷程哲學，簡單的一言以蔽之，就在肯定「歷程」（Process）即「實在」（Reality），從人生奮鬥的歷程，就同時能體認終極實在（Ultimate Reality）。這種哲學，類似佛學的「用中有體」、「即體顯用」、「體用不二」，其生死觀因此更具融貫性與豁達性。

此所以根據懷海德哲學，「人的不死，是實現生來的價值不死」(57)，亦即人在奮鬥的歷程中，開創各種價值，這種價值不死，即象徵人本身的不死。

懷氏此種論點，與佛洛伊德從純科學認爲死亡「無可避免」，兩者正好相反，但與中國所說「三不朽」極爲相通，與周易所說「一陰一陽之謂道，成之者性也，繼之者善也。」也完全相同。

根據中國周易哲學，宇宙人生在陰陽互動的歷程中運轉，能夠以此精神完成人生潛能的，即爲生命的意義與價值（成之者性也），能夠繼此努力不懈的，即爲永恆的善（繼之者善也）。懷氏同樣肯定，實踐價值的歷程中，本身即具備不死性，也可稱永恆性。因而，人生只要有此奮鬥的精神，完成實現價值理想，本身就能不朽。

當然，在俗世中奮鬥，或許會很孤寂，更可能被排斥，所以懷海德在《創造中的宗教》(Religion in the Making）中，勉勵人們要能多發揮宗教的情操，因爲「宗教的本質就是孤寂」，他並強調：「如果你從未孤寂過，你就從未真正懂得宗教。」

人們若能真正以此宗教精神淨化靈性，堅定信心，並以此堅忍的奮鬥，完成高尚的價值理念；那麼，這種奮鬥歷程就足以不朽，又何懼於死呢？這種豁達胸襟與高尚理念，的確深值重視。

第十七位，要評論的是英國的大哲羅素（B. Russell, 1872-1970 A.D.）：

羅素與懷海德齊名，曾與懷海德合著《數學原理》，但懷海德後來以形上學見長，羅素則以排拒形上學著稱，並以分析哲學與科學哲學為主，唯在政治社會哲學也有重大影響。

羅素的生死觀，因為排拒形上學，所以認為生死並不屬於哲學問題，而是屬於科學與宗教問題。但他仍然認為，哲學應有責任，使人免於死亡的恐懼。

所以他曾強調：「人類事業的創造原理是希望，不是恐懼」。(58)

另外他也指出：「教育目的，不應被動地注意死亡的事實，而應注意一種活動，以我們努力所要創造生命的世界為方向。」(59)

因此，羅素提醒世人：「如果因為我們必不免一死而恐懼、而悲嘆，在這上面耗費時間，是徒勞無益的。」他甚至提出：「讓死亡的恐怖纏住心情，是一種奴役。」(60)

所以，他明確主張，人們應把心思「轉到旁的事情」，並應「把一些不朽的東西，投入到人生」。

因為羅素很重視科學訓練，所以認為「整個宗教的基礎，是恐懼──對神祕的恐懼，對失敗的恐懼，以及對死亡的恐懼。」

他以此分析「爲什麼我不是基督徒」，而且從心理學與生理學的目前發展論定：「對永生的信仰，無論如何不可能獲得科學的支持。」

羅素對科學的肯定，固然應予重視，但他傾向科學萬能，形成「科學主義」，則又形成另一種極端。尤其，他以科學否定宗教，明顯失之偏頗，反而不如大科學家愛因斯坦的恢宏。愛因斯坦認爲：「科學與宗教缺一而不可，科學若無宗教，將成瞎子；宗教若無科學，則成跛子。」其見解明顯要更爲深邃。

當然，羅素作爲社會改革者，仍有他可許之處。例如，他極力呼籲人們，建立積極的人生觀，除了「把一些不朽的東西，投入到人生」，並稱這樣積極的人，才是「從死亡中走出來的人」。(61)

另外，羅素又曾分出「奴隸」與「自由人」的不同。他認爲，「奴隸」是「命定的要崇拜時間、死亡和命運」；但「自由人」則「放棄爲個人幸福而戰的戰爭，摒棄慾望之迫切，渴望永恆的事物，這才是解放，才是自由人的崇拜」。這種爲公忘私、追求公益的不朽精神，仍然值得肯定。

總之，根據羅素，雖然人生註定都會死亡，「人生命定會失去他最親愛的人，明天自己也要穿過幽暗大門。」但絕不應因此頹廢，反而應該「懷抱崇高思想，使他短暫的日子充滿高貴，絕不成爲懦弱的命運奴隸」。這種不向命運低頭、昂然開創崇高理想的精神，仍然令人敬佩。

第十八位，要分析的是二十世紀影響極大的思想家馬克思（Karl Marx, 1818-1883 A.D.）：

馬克思加上列寧的影響，在二十世紀籠罩全世界一半以上的人口，並佔有全球一半以上的土地，無論對其同意與否，均應對其深入研究。

尤其，馬克思的生死觀，其激情直接影響政治社會的運動，不能不加重視。

馬克思早在一八三五年中學時代，就曾首先提出，一個人的偉大或渺小，不在他的職位高低，而在他為自己，還是為他人生存。他認為，如果「只為自己」而活，儘管成為大學者、大詩人，斷然不能成為「偉大人物」；只有「為人類犧牲自己」、「為大多數人爭取利益的人」，才能「成為人人敬仰的理想人物」。（62）

另外，馬克思在一八四〇年的博士論文中，提出「關於伊壁鳩魯哲學之日記」，強調「辯證法即是死」的觀點。他認為，辯證法宣稱事物的死亡或否定，是一種「急流」，「它沖毀各種事物及其界限，沖垮各種獨立的形態，將萬物淹沒在唯一永恆之海中」。因此，他主張，辯證法即等同於死。由此可見，當時他年輕的心靈，很受青年黑格爾的唯心色彩影響。

在馬克思《一八四四年的巴黎手稿》中，他又曾分析工人的「異化勞動」（Alienated labour）問題，進一步引用了黑格爾的異化論，但逐漸結合政治經濟現象，展現人道關懷的一面。

然後，到了一八四八年，在《共產黨宣言》中，馬克思轉成激進的批判者，逐漸脫離了黑格爾的色彩，將其頭腳倒置，轉成「唯物論」，並運用其辯證法，結合費爾巴哈（Feuerbach）的唯物論，形成本身獨特的「辯證唯物論」（Dialectical Materialism）。

自此以後，馬克思公開主張，「要對現存的一切進行無情的批判」，也就是要把「對天國的批判」，引向「對塵世的批判」，並把「對宗教的批判」引向「對法的批判」，亦把「對神學的批判」引向「對政治的批判」。因而，他曾經明確宣誓：「不是戰鬥，就是死亡；不是宣戰，就是毀滅。問題的解決必然如此。」這就形成了充滿鬥爭意識的人生觀，以及鼓勵戰鬥的人死觀。

除此之外，馬克思針對一八四八年法國革命，也曾特別強調「革命死了，革命萬歲！」並熱情讚揚巴黎公社中犧牲的人們，強調巴黎人民「滿腔熱血地為公社犧牲生命，自古以來從來沒有一次戰鬥中，有這麼多人自我犧牲！」由此充分證明，馬克思推崇的是「勇於自我犧牲」的死亡。

眾所皆知，馬克思為無神論者，他只注重為公眾利益、為人類最高目的而奮鬥犧牲，而不在意靈魂的歸宿。此其所以曾經指出：「到了一定年齡，因為什麼而去見上帝，完全是無關緊要的。」他在臨終前強調，他需要的唯一東西，就是「安靜」。換言之，他既摒棄宗教慰藉，也不注重表面形式，而樹立了他本身特有的風格。

綜合而論，馬克思看到了社會病象，因而急於改革，其心意值得肯定；然而孫中山先生的評論很中肯，「師馬克思之心則可，用馬克思之法則不可」。因其方法容易流於濫用暴力，影響無辜，造成無謂死亡，如「文化大革命」的血淋淋教訓，連中共都承認，形成「中華民族有史以來的最大浩劫」，即爲明證，今後自然應予警惕。

【註釋】

(1)北京大學哲學系外哲史室編譯：《西方哲學原著選著讀》上卷，頁21；中譯轉引自段德智：《死亡哲學》（湖北人民出版社，1996年，2版），頁45。
(2)北京大學哲學系外哲史室編譯：《古希臘羅馬哲學》，頁27；中譯轉引自《死亡哲學》，頁49。
(3)同上。
(4)《死亡哲學》，頁52。
(5)同上，頁60。
(6)《古希臘羅馬哲學》，頁105；中譯轉引自《死亡哲學》，頁63。
(7)同上，頁124；中譯轉引自《死亡哲學》，頁64。
(8)同上，頁116；中譯轉引自《死亡哲學》，頁65。
(9)《西方哲學原學選讀》，上卷；中譯轉引自《死亡哲學》，頁65。
(10)《死亡哲學》，頁54。
(11)柏拉圖：《游敘佛倫，蘇格拉底的申辯，克力同》，頁64；中譯轉引自《死亡哲學》，頁590。
(12)同上，頁80；中譯轉引自《死亡哲學》，頁55。

(13) 同上。

(14) 同上，中譯轉引自《死亡哲學》，頁57。

(15)《死亡哲學》，頁58。

(16) 游敘佛倫，蘇格拉底的申辯，克力同，頁98；中譯轉引自《死亡哲學》，頁57。

(17) 威廉·巴雷特：《非理性的人》（紐約，1962年），頁79；中譯轉引自《死亡哲學》，頁66。

(18)《死亡哲學》，頁70。

(19) 柏拉圖：《斐多篇》，67E；轉引自中譯《死亡哲學》，頁72。

(20)《死亡哲學》，頁68。

(21) 古希臘羅馬哲學，頁212-213；中譯轉引自《死亡哲學》，頁68。

(22) 柏拉圖：《國家篇》，610E-611A；中譯轉引自《死亡哲學》，頁69。

(23) 亞里士多德：《形而上學》，1070a19；中譯轉引自《死亡哲學》，頁75。

(24)《死亡哲學》，頁75。

(25) 同上。

(26) 亞里士多德：《論靈魂》，430a14；中譯轉引自《死亡哲學》，頁78。

(27) 亞里士多德：《倫理學》，1115a11；中譯轉引自《死亡哲學》，頁80。

㉘同上，1116a20；中譯轉引自《死亡哲學》，頁81。
㉙《死亡哲學》，頁83。
㉚同上，頁84。
㉛《古希臘羅馬哲學》，頁343；中譯轉引自《死亡哲學》，頁85。
㉜同上，頁368-369；中譯轉引自《死亡哲學》，頁87。
㉝同上，頁366；中譯轉引自《死亡哲學》，頁87。
㉞《伊壁鳩魯殘篇》，頁47；中譯轉引自《死亡哲學》，頁88。
㉟笛卡兒：《論靈魂的感情》第3節；中譯轉引自《死亡哲學》，頁159。
㊱同上，第30節；中譯轉引自《死亡哲學》，頁169。
㊲《死亡哲學》，頁161。
㊳同上，頁160。
㊴同上，頁162。
㊵同上，頁193。
㊶康德：《道德形而上學基礎》第二章；中譯轉引自《死亡哲學》，頁195-196。
㊷同上。

(43) 康德：《實用人類學》，頁130；中譯轉引自《死亡哲學》，頁200。

(44) 同上。

(45) 費希特：《論學者的使命，人的使命》（商務印書館，1984年），頁214；中譯轉引自《死亡哲學》，頁202。

(46) 同上。

(47) 《死亡哲學》，頁203。

(48) 黑格爾：《精神現象學》上卷，頁21；中譯轉引自《死亡哲學》，頁204。

(49) 黑格爾：《歷史哲學》，頁70；中譯轉引自《死亡哲學》，頁212。

(50) 黑格爾：《哲學史講演錄》第2卷，頁104；中譯轉引自《死亡哲學》，頁212。

(51) 《死亡哲學》，頁248-249。

(52) 尼采：《查拉圖斯特拉如是說》第1節；中譯轉引自《死亡哲學》，頁254。

(53) 《死亡哲學》，頁261。

(54) 海德格：《存在與時間》，頁315；中譯轉引自《死亡哲學》，頁265。

(55) 《死亡哲學》，頁272。

(56) 沙特：《存在與虛無》，頁701；中譯轉引自《死亡哲學》，頁282。

(57)《死亡哲學》，頁293。

(58)同上，頁296。

(59)羅素：《社會改造原理》（上海人民出版社，1987年），頁97；中譯轉引自《死亡哲學》，頁295–296。

(60)《死亡哲學》，頁297。

(61)同上，頁299。

(62)馬克思：《〈黑格爾法哲學批判〉導言》，《馬克思，恩格斯選集》第1卷，頁2；中譯轉引自《死亡哲學》，頁310。

第五章 儒家的生死觀

第一節 孔子對生死的看法

一、「死生有命，富貴在天」(一)

孔子在《論語》中，對於生死著墨不多，對於富貴也著墨不多。然而，《論語》之中有兩句名言，卻對生死有非常明確的定性與定位——就是「死生有命，富貴在天」。

子夏在此認爲，生死本身即屬於命定，正如同基督教及回教的看法，只是他並未強調，由一個人格神來決定命；孔子也明白的指出，「不知命，無以爲君子」，在《易經》中也講「樂天知命」。所以儒家可說是「知命」，而非「認命」、更非「宿命」。

《尚書》中曾說：「知人曰哲」，代表哲學家要能知人，也要知命；除了知命之外，當然也要知天。這個「命」，一個是指義理的天命，另外一個就是指本身的性命；在這個性命中，「生死」有一定的定數。這是孔門在智慧圓熟之後，所說的斷語，雖然只是寥寥兩句，並非多講，但其中卻蘊涵很多的人生經驗與智慧。

孔門這種定位，也形成孟子生死觀的重要基礎。所以孟子同樣提到：「夭壽不貳，修身以俟之，所以立命也。」

根據孟子的說法，人會活到幾歲，有一定的定數，不會多、也不會少，更不會籠統，其數字很明確，全由天所決定，人是無法著力的。所以，人平日只有修身以等待時間的來臨，自己只要掌握可以操之在我的修身即可，這才能安身立命，不會對死恐懼。孟子在此的「立命」可連結到孔子的「知命」；根據孟子，唯有如此，人的生命才可以挺立起來，人文生命也才會充實、有價值。換言之，自然的生命雖然有定數，人文的生命卻可以永恆。

所以，儒家在《易經》也強調：「天、地、人」的三才之道。對天的部分，代表天命，是人所無法掌控的；對地的部分，人或可掌握部分，但真正可以操之在我的，則是人的部分。所以，評定一個人，儒家並非成敗論英雄，因爲這同時需要「天命」與後天環境，儒家主要看這個「人」本身的努力與表現。

例如宋朝末年，宋朝可說氣數已盡、大勢已去，可是文天祥仍然直道而行，義無反顧，但求盡心盡力，盡其在我，只問耕耘，不問結果。此所以文天祥遺言「讀聖賢書，所學何事？孔曰成仁，孟曰取義，唯其義盡，所以仁至！」他以身殉道，爲仁義而犧牲，真正做到了「而今而後，庶幾無愧。」

清代儒將曾國藩，也曾同樣提及，一個人的官位、功名利祿都有定數，屬於天命，所以不足爲訓，也無需患得患失，爲之動心。人之所以爲人，真正值得尊敬的，是因其本身努力的過程，亦即其憑藉自由意志去奮鬥的過程。所以，儒家並非宿命論者，仍然強調要完成人文的價值。

二、「未知生，焉知死」(2)

子路問生死，孔子回答：「未知生，焉知死？」這回答看起來好像沒有答覆，但實際上已經有了深刻的答覆。因爲，既然「死生有命」，那就不必去深究死後的世界，也不必追問什麼時候死，只要問現在本身的工作與責任，是否已經做好。

當然，根據人性，仍有很多人熱衷於名利，不問蒼生，只問鬼神，不去關心民間的生死疾苦，而只關心自己的官位，能當多大，或當多久。

然而，如果這些人未深入瞭解天命，未能守分，仍因貪心追求非份之名利，反而更容易患得患失，終日惶惶，更因荒廢人爲努力，反而更會影響風氣。所以，孔子告誡子路的重點，「不知生，焉知死？」其實意在言外，亦即應先做好本份的責任，如果仍有餘力，再關心死後或命理之事。否則，如果現在的世界都未能改進，如何再問另一個世界？如果君子不能務本，只求倖進，則風氣必大壞，民生也必痛苦。

簡單的說，根據孔子精神，「物有本末，事有先後」，如果眼前的事都做不好，如何奢求以後的事能做好？如果對此「生」都照顧不好，如何照顧死後來世？這代表生後世界並非不重要，而是在優先順序上，應以生前現世爲先，才能符合仁心人道。

三、「天喪予！天喪予！」(3)

孔子以理性著稱，牟宗三先生稱儒家為「健康的理性主義」，林語堂先生在英文著作中，稱其為「合情合理主義」(Philosophy of Reasonableness)，曾國藩亦強調「不合情理的，不做」，甚至一直傳到俞大維，仍以此為祖傳家訓。

正因孔子思想合情合理，合乎人性，所以也有感人的感性一面。當他優秀的弟子顏回英年早逝，孔子也非常難過的呼號：「天喪予！天喪予！」因為在孔子心目中，「一簞食，一瓢飲，居陋巷，人不堪其憂，回也不改其樂。」孔子多次稱讚顏回能夠安貧樂道，也多次惋惜他的早逝。但當他真正面對第一名高材生過世時，他也只能「人窮呼天」，高呼「天喪予！天喪予！」由此可見孔子真性情的一面，但也可看出，面對生死，即使聖人也有無奈的一面。

同樣情形，當孔子探視另外一位高材生冉求時，眼看如此優秀人才染上惡疾，他也只能感嘆萬千地說：「斯人也，而有斯疾也！」並且反覆重覆這句話，代表心中無限的悲愴，同樣也感慨天道的無常。這正如同今天社會，聽到很多好人不幸罹患癌症，眾人心中往往都有同樣感慨。這種反應，是驚愕、是無奈，代表心中至痛，也是人情之常；雖然身為聖人，同樣也有無比的感傷。

四、「祭神如神在」(4)

雖然儒家與猶太教、基督教等崇拜人格神的傳統不同，但仍然有祭神，此即孔子所稱「祭神如神在」，祭神就要端莊嚴肅。

《論語》中，經常提到孔子祈禱，只不過他祈禱的對象，並非人格神，而是向上天祈禱。影響所及，中國歷代的皇帝也要祭天，並且祭地，因而北京才有「天壇」與「地壇」，可說是很真摯的宗教情操，此中敬天與敬神的精神情操，同樣深值肯定。

哈佛哲學大師懷德海（A. N. Whitehead）分析宗教情操，便曾強調，宗教是一種「專注的誠懇」（A penetrating sincerity），於此可說完全相通。

所以《中庸》傳承孔子精神後，也明白強調「至誠若神」，並明白指出「唯天地至誠，故能盡其性。能盡其性，故能盡物之性，能盡物之性，則能贊天地之化育。能贊天地之化育，則能與天地參。」

換句話說，根據儒家，人若能與天地大化同流，參贊化育，這種宗教情操將是何等恢宏雄偉，究其根本動力，則為「至誠」。這是人人可及，人人可行的功夫，雖鄉村老翁、老嫗也可做到。就此而言，儒家精神可以直通宗教精神的最深境，此亦《中庸》所說「質諸鬼神而無疑，知天也。」（廿九章）雖然儒家本身並未具備形式宗教的完整內容，但就宗教精神而言，卻仍然極值重視與發揚。

五、「敬鬼神而遠之」(5)

孔子強調「祭神如神在」，但其主要重點，乃在追求精神之至誠、禮儀之莊重，以此提昇靈性、淨化人性，並不在於對一般鬼神的膜拜。

此所以孔子同時也說「敬鬼神而遠之」，這兩句話看似矛盾，其實不然。因爲孔子提倡健康的理性主義，所以認爲陰陽兩隔，各有分際，雖然崇拜鬼神，但不應越過界線，所以講應遠之。這與其所述「不知生，焉知死」的信念可說完全一致。

尤其，《論語》中還強調「子不語怪力、亂神」，有些版本斷句稱爲「子不語怪、力、亂、神」，其實有誤。因爲「力」若爲正義的力量，孔子當然也論，例如「湯武革命，順天應人」。另外，對「神」，孔子明明講「祭神如神在」，當然代表也常論神。所以，此句正解應爲「子不語『怪的力』與『亂的神』」，亦即不談暴力，不談邪靈；正如孔子向來提倡「政者正也」，因而只談論「正力」與「正神」，應該才是正確。這也正如同當今世界，同樣有很多邪教，假借鬼神之名牟取私利，自然不在孔子的講學範圍內。

六、「志士仁人，有殺身以成仁，無求生以害仁」(6)

孔子的學說，最核心的觀念，即爲「仁」字。仁的根本要義，即在「犧牲小我，完成大我」;這也如同核仁,必須埋在土中,才能成長更多的核桃。

此亦《聖經》中所說的「一粒麥子,如果不埋在地下,永遠只是一粒麥子。」這種宗教的犧牲精神,正是孔子所說「仁」的精神。在孔子心目中,仁人志士犧牲什麼呢?最可貴的,也最難得的,就是犧牲寶貴的生命。

此所以孔子強調「仁人志士,有殺身以成仁,無求生以害仁」,這種精神影響所及,形成孟子所倡導的「浩然之氣」,以及文天祥所說的凜然正氣,更形成中華民族數千年來能夠產生無數仁人志士的傳統精神。他們每當民族有難,都傳承這種民族正氣,殺身成仁,形成中華民族偉大的風骨氣節。中華民浩浩蕩蕩五千年,從未中斷過,形成全世界民族歷史中唯一的偉大特色,主要即憑藉這種精神風骨,深值中華兒女共同體認與效法,才能無愧於民族先賢先烈的偉大傳統。

第二節 孟子對生死的看法

一、「夭壽不貳,修身以俟之,所以立命也」(7)

孟子在《盡心篇》中,有段極爲深刻的哲理:「盡其心者,知其性也。知其性,則知矣。存其心,養其性,所以事天也。夭壽不貳,修身以俟之,所以立命也。」

根據孟子，肯定人心來自天心；因此，人們若能盡心盡力、激發潛能，完成自我善根，便能知悉生命真諦，也就能直接「知天」，知悉天心真諦。

孟子主張，人們除了應該「知天」，還要能夠「事天」，也就是要能存其善心，養其正氣，才能以人心事奉天心。

在這雙重修持之後，孟子明確提出「立命」之說。他肯定的直言，人生的壽命，都有定數，或長或短，定數不二，均因天命，人們面對這種定數，無法變更、無法逃避，只有勇敢的面對它，透過每天的修身，以待生命責任的完成，這就是安身立命之道。

孟子此說，很清楚地標示了三個重點：一，傳承孔門所說「生死有命」，明言壽限均有定數；因此，無論壽終正寢或意外橫死，均是命定天數。二，面對這不可知的定數，只有日日修身、時時修身，處處行善，若有不及，那即使突然面臨厄運，也可從容無憾。三，正因心中警惕，無法改變天命，所以更應珍惜現在光陰，更加充實每日內容；一旦突然面臨大限，回顧一生，仍然每過一天均有最充實、有意義的一天，「過一天，有一天」，而非得過且過，渾渾噩噩的「過一天，算一天」。孟子在此，可說充分彰顯了生命的莊嚴性與終極性。

孟子的心學，由王陽明再弘揚發揮，所以陽明也有很中肯的闡述。另外，朱子也曾強調「立者，創立之立，如立德、立言、立功之類。凡言立者，皆是昔未嘗有，而今始建立之謂。」(8)所以他認爲，孟子所稱「立命」，也在激勵人們克服對生死的困惑，專心立志修身盡責，屬於「困知勉行」。亦即「盡其道而死」，所以能算「正命」，若是犯法梏桎而死，仍非正命。

尤其陽明精細的指出，「若曰死生夭壽，皆有定命，吾但一心於爲善，修吾之身，以俟天命而已，是其平日尚未知有天命也。」代表孟子此言對象，主要指平日並未探討天命的眾生。如果有人透過精準命理，知道本身壽限，則其安排生涯與工作，又有不同。

正因大多數眾生，並不知有天命，也不知生命年限的定數，所以更應普遍「修身以俟之」。因爲，修身行善是人人可做的，而且處處可行、天天可爲，這並非消極的等待（因爲並不知道年限多少），而是積極的盡責任，從而以此建立生命的意義，開展生命的光輝，所以稱爲「立命」。孟子在此的深意，以及陽明進一步的申論，均深具啓發性。

二、「浩然正氣，配義與道」（9）

孟子前述的盡心、修養、立命，總結一句話，即「養浩然之氣」，這就形成了中華民族數千年光輝歷史的重要精神。

中華民族在世界歷史上有一項特色，那就是幾千年來，民族生命浩浩蕩蕩，只有朝代的更替，沒有民族的滅亡。雖然元、清兩代曾經初期亡於外族，但後來仍用豐沛的民族文化生命力加以同化，形成全世界唯一的特色：中華民族從來沒有亡過！

相形之下，試看今天各文明古國的現狀，便已大不相同。如希臘，早已不是當年產生蘇格拉底、柏拉圖的希臘；如埃及，也早已不是當年製造金字塔的埃及，連種族都變了。此外，再如巴比倫，更連影子都沒有了，老早就亡國了！足見全世界中，只有中華民族，雖然歷經千辛萬苦、各種考驗，但總能在民族困厄時，憑藉民族精神，挺身而出，拯救民族的危難，形成全世界人類史空前的精神特色！

若問中華民族何以能有這種精神特色？一言以蔽之，便是從孔子「仁人志士，殺身成仁」的精神，到孟子根據道義所強調的「浩然之氣」，形成了文天祥所說的民族「正氣」。正因能有這種民族正氣，至大至剛，愈挫愈勇，所以，中華民族才能以此維繫民族幾千年的命脈，形成傲對生死的「凜然風骨」！落實在人生，更是中華民族無數的英雄勇士，不怕犧牲、不怕恐嚇，不受威脅、不為利誘，均能頂天立地、發揚正氣，形成驚天地而泣鬼神的種種典範！

文天祥在「正氣歌」中列舉種種有血有淚、感人動人的鮮活例證，便是中華勇士彰顯正氣的最佳典範：

「在齊太史簡、在晉董狐筆、在秦張良椎、在漢蘇武節！

為嚴將軍頭、為稽侍中血、為張睢陽齒、為顏常山舌！

或爲遼東帽、清操厲冰雪；或爲出師表，鬼神泣壯烈！

或爲渡江楫，慷慨吞胡羯；或爲擊賊笏，逆豎頭破裂！」

誠如文天祥所說，「是氣所磅礡，凜烈萬古存」，尤其，「當其貫日月，生死安足論」！

所有這些活生生的血淚例證，便形成中華民族的凜然正氣！

總之，我中華民族所以能維繫數千年而不墜，便是由於這種浩浩蕩蕩的凜然正氣所支持，此即文天祥所說：「地維賴以立，天柱賴以尊，三綱實繫命，道義爲之根！」深値所有中華兒女體認，並奮起而效法，才能無愧先賢先烈在天之靈！

雖然，文天祥上述的這些仁人志士，如今均已成爲歷史人物，但文天祥說的很好：「典型在夙昔」，並且「古道照顏色」，仍然對中華子孫留下深遠的啓發，凡中華兒女有志之士，均應深自領悟，身體力行，才能繼續維持民族的生命與光榮！

三、「充實之謂美，美而有光輝之謂大，大而化之之謂聖，聖而不可知之謂神」(10)

孟子的生死觀，直接影響到他對「神」的看法。他對「神」的看法，用現代宗教哲學來看，可稱兼具「超越性」(transcendental)與「內在性」(immanent)。

孟子所稱神的「超越性」，表現在他所說的「所存者神，所過者化，上下與天地同流」，亦即從內心存養善根，即可浹化萬物，形成超越性的精神，上下與天地同流。

這種超越性，同樣表現在他所說的「充實之謂美，美而有光輝之謂大，大而化之之謂聖，聖而不可知之謂神。」孟子主張對精神修養，應循序漸進，先從心靈充實開始，透過養心養氣，先充實自我。因爲充實自我，而有中心主宰，誠於中即能形於外，所以展現於外，即有光輝氣宇，恢宏大度；然後再將這種大格局擴而充之，如張載所述，「大其心以體天下物」，浹化萬物，即可稱爲「大而化之」的聖。這種聖者氣象，若能融入種種萬象事物，臻於不可知的圓融境地，即可謂之「神」。

由此可見，孟子在此所說的「神」，屬於一種最高境界，一種最大格局，或稱一種最深修持，屬於超越萬事、萬物、萬有的性質，但並非人格神。

從另一方面看，孟子所說的神，又兼具「內在性」，亦即他所說「萬物兼備於我」。孟子肯定「人人有貴於己者」，明確認爲人人均有卓然獨立的精神人格，不必外求，也不能依附任何外物。這就形成「自力宗教」的基礎，也形成佛教進入中國的重要契機，因其「人人皆有佛性」的信念，與孟子「人人皆可以爲聖賢」的理念相互結合。所以，同樣都能提昇靈性，深具人文教化的功能。

尤其，孟子在二千年前就深具民主素養，肯定「民爲貴，社稷次之，君爲輕」；他並且強調「君子有三樂」，只要問心無愧、家人平安、作育英才，即在內心充滿喜悅，至於做官（王天下），則並無快樂可言，這就是他看破名位的重要風範，深值後人體認。

孟子甚至主張，應該「說大人則藐之」，君子要能有風骨，抗衡權勢，監督當道，「勿視其巍巍然」，不要被大官的排場嚇倒，而要知道民才爲貴，很多民眾的精神人格，勝過很多大官。這種以布衣傲視卿相的風骨，也形成中華民族知識分子的傳統傲骨，經常能以此精神抗衡帝王權勢，並能以「學統」制衡「政統」，無畏高壓強權。這種風骨發揮到極致，即成爲看破生死的「大丈夫」：「威武不能屈，富貴不能淫，貧賤不能移」，至今仍深具啓發意義，深值共同效法力行！

第三節　荀子的生死觀

一、「破除心理作用」

荀子在儒家的理性主義中，更增加了正面破除迷信的成份；尤其對於生死與鬼的看法，他認爲很多都是心理作用。

此所以他在《解蔽篇》中強調：「凡觀物有疑，心中不定，則外物不清，則未可定然否也。」

荀子並曾經舉一例證，說明很多怕鬼的人，其實都是自己嚇自己。他說：

「夏首之南有人焉，曰涓蜀梁，其爲人也，愚而善畏。明月而宵行，俯見其影，以爲伏鬼也；

仰視其髮，以爲立魅也；背而走，比至其家，失氣而死，豈不哀哉！」

因此，他特別強調：「凡人之有鬼也，必以其感忽之間疑玄之時定之，此人之所以無有而有無之時也。」

荀子並明白指出，「人之所以爲人者，何已也？曰，以其有辨也」，「人之所以爲人者，非特以二足而無尾也，以其有辨也。」

換句話說，荀子特別提醒世人，人之所以爲人，特色就在具有分辨能力，並不只是「二足而無尾」的動物，所以要能分辨真假、明辨是非，並且清楚判斷，然後即知很多只是心理作用。

若像上述情形，在月光中走路，低頭看到自己地上影子，以爲是「伏鬼」，抬頭看到自己牆上影子，又以爲是「立魅」，因而嚇到只敢背行走回家，結果到了家，已經嚇破膽而斷氣！心理作用到如此離譜，毫無分辨能力，當然令人爲之可悲！

二、「破除對天迷信」

根據荀子看法，有些人恐懼天地異象，以爲將有災禍，實際上也均爲迷信。他在《天論》中說：「星墜木鳴，國人皆恐。曰是何也？曰無何也，是天地之變，陰陽之化，物之罕至者也。」

所以荀子強調，對這些天地異象，「怪之，可也；而畏之，非也。」可算中國早期很開明而理性的看法。

另外，荀子認爲，「天」並非義理之天，天也非善之根源。根據他的看法，明顯反對孟子主張人心來自天心，因爲天心爲善，所以人心必定爲善。在荀子看來，天只是中性的天，只是自然的天，人心也只是中性的心，甚至人性根本爲性惡，其善「僞」也，只因後天人爲的功夫，才有善人善行。

此所以荀子強調：「天能生物，不能辨物；地能載人，不能治人也。」在荀子看來，天地本身並無分辨善惡的能力，同時也並無統治人間的意志。因此，有人認爲天地降福或降災，其實都只是迷信。

此外，根據荀子看法，天地自有其常道，不因人間治亂而轉移其運行定律。所以荀子在《天論》中強調：「天行有常，不爲堯存，不爲桀亡，應之以治則吉，應之以亂則凶。」

而且，荀子更進一步指出，上天根本不會因爲人間怕冷而不降冬，大地不會因爲人間怕遠而不廣闊。此其所謂：「天不爲人之惡寒也輟冬，地不爲人之惡遠也輟廣……天有常道矣，地有常數矣，君子有常體也。」這種用平常心與自然心因應的態度，對過份迷信者，也有一定的釐清作用。

三、「祭鬼在律人，並非事鬼」

根據荀子的看法，祭祠的用意，主要在表達思慕的心意。從知識分子看來，主要在教化功能，並非真正事奉鬼神。此其所以強調：

「祭者，表達思慕之情也，忠信愛敬之至矣，禮節文貌之盛矣，苟非聖人，莫之能知也。……其在君子，以爲人道也；其在百姓，以爲鬼事也。」

另外，荀子也曾舉「三年之喪」例證，說明其意義也在「稱情而立文」，屬於人文教化作用：

「三年之喪何也？曰稱情而立文，因以飾群別、親疏、貴賤之節，而不可益損也。故曰，無適不易之術也。」

換句話說，守喪的根本精神，在於表達心中情分，並且化爲人文禮節。因此，荀子並不太贊同太悲傷，而主張有所節制；此即其所謂，「禮」者，「節之準也」（致士篇），而「義」者，「內節於人，外節於萬物」。所以「禮」應恰如其份，有所節制，不可怠忽輕慢，也不可奢華浪費，總以適中守分爲宜。

另外，荀子在《大始篇》中也曾假托孔子與曾子的對話，曾子指出：「大哉，死乎！君子息焉，小人休焉。」

根據荀子，真正君子，應該隨時隨地行仁，無論「事君」、「事親」，或退休，都應永遠以仁義自恃，終身不怠，唯一能「安息」的地方，只有死亡。反之，小人放縱情欲、鑽營私利，只有死亡才能令其休止。」

所以，君子與小人的對照，就在「安息」與「休止」之分，此中分水嶺，就在死亡的性質。荀子此說，賦予「死亡」更新的人文判準，所以稱「大哉，死乎」，也有其重大啓發性。

四、「破除看相迷信」

根據荀子看法，他非常反對看相。他明白強調：

「相形不如論心，論心不如擇術」，因爲「形不勝心，心不勝術。術正而心順之，則形相雖惡而心術善，無害爲君子也。形相雖善而心術惡，無害爲小人也。」

在荀子看來，內在的心術，比外貌形相更爲重要，這的確很發人深省。所以荀子曾經特別列舉很多例證，說明人不可貌相，要以心術做爲判斷，才可真正分辨君子與小人。

事實上，不只古人例證如此，即使今人亦然。誠如希特勒與史達林，均相貌堂堂，望之儼然，但殘暴不仁，卻眾所皆知；另如愛因斯坦或愛迪生，皆不修邊幅，滿頭亂髮，卻貢獻良多，影響深遠。

因而，「正其心術」，才是古今相人的關鍵，就此而言，確實極具重大啓發。

然而，如何才能看出心術？就此而言，孟子強調「觀其眸子」，亦即看其眼神，以眼睛爲靈魂之窗，作為觀人要領，仍有極大參考作用，並非一般迷信。

第四節 易經的生死觀

孔子在《論語》中說：「加我數年，五十而學易，可以無大過矣。」充分可見他對《易經》的重視，希望在五十歲智慧成熟時，能多研究《易經》，人生才能免於大過。

此所以《論語》中同樣記載：「孔子晚而好易，韋編三絕。」孔子過了五十進入晚年，更加對《易經》愛不釋手，甚至在反覆研讀之餘，讀破了當時聯繫竹簡的皮革，前後共達三次之多！由此可見他對《易經》所花功夫之深。

因此，我們可以說，真正要瞭解孔子，應先瞭解《易經》，否則只懂得孔子一部分，對孔子天人之學，則完全未通。

此所以司馬遷寫《史記》，也明白記載孔子對《易經》的愛好。他在《仲尼弟子列傳》中，更清楚列出孔門對易學的傳承脈絡，其中第一代，孔子傳易商瞿（子木），然後再傳楊何等人，到司馬談為第九代，及司馬遷則為第十代。

正因司馬遷的史學，從《易經》中深得啓發，所以才會自許「究天人之際，知古今之變」，這兩句明顯均受易經影響。

然而，值得注意的是，在《論語》之中，從頭到尾並無「商瞿」這弟子名字，由此也可證明，孔子的確在晚年才好易，並且在晚年才傳易，而《論語》多半爲其中年之前的言行。

在中國當代哲人中，如熊十力先生的《讀經示要》，與方東美先生的《中國哲學精神及其發展》，均主張《易經》爲孔門的重要理論，雖非成於一人一時，但屬孔門集體著作，則無問題。

然而，另如馮友蘭與胡適之的《中國哲學史》，則主張孔門與《易經》無關，但因論證薄弱，對上述論點均缺乏有力的回應，所以難以成立。唯英國學者李約瑟（J. Needham）的《中國科技文明史》，受二人影響，談到《易經》都輕忽而過，只注重道教煉丹術對科技的影響，固然也有所得，但對《易經》顯然疏漏很多。

本節重點，即在論述孔門在《易經》中對生死看法，特別從周易十翼中加以探討，至於道教從陰陽中衍生的方術之學，則在另章專論。

一、「憂患意識，居危思安」

孔子在《易經繫辭傳》中說：「作易者，其有憂患乎？」這種憂患意識到孟子，更清楚的形成「生於憂患，死於安樂」的精神，從而貫穿整個中華民族的生命，形成平日的警惕心，與終身的使命感。徐復觀甚至稱之爲「中國人的宗教」，可見其影響之深遠。

這種憂患意識，並不是患得患失，更不是憂愁憂慮，而是一種居安思危、戒惕謹慎的自我警惕。此所以《文言傳》中「乾元」所說：「君子終日乾乾，夕惕若，厲無咎。」這話什麼意思呢？孔子解釋爲：「居上位而不驕，在下位不憂，故乾乾因其時而惕，雖危無咎矣。」（二）

換言之，孔子提醒世人，要能夠隨時警惕自己，深具危機意識，整天勤奮不懈，那麼，雖然身處危境，也可避開禍害，雖然身處逆境，也可開創新機。

另外，《易經繫辭》中也說：「易之興也，其當殷之末世，周之盛德耶？當文王與紂之事耶？是故其辭危，危者使平，易者使傾，其道甚大，百物不廢。懼以終始，其要無咎，此謂易之道也。」

根據孔門看法，《易經》的興起，大約在殷期末世，也就是武王伐紂時期，所以卦爻辭多含危機意識，並富有時代使命感。因爲，唯有如此，深具危機意識，才能轉危爲安，如果心存安樂而懈怠，就會走向傾覆。此中道理極爲重要，萬物都不能違背此理。所以自始至終，都應高度警惕，其要旨就在避免禍害，這就叫「易經之道」。

由此再看其生死觀，就是在平日，應多養生保健，在健康時能常思病中之痛，在平安時能常思災難之危，從而警惕自己，多加珍重，愛惜生命，並且善用時間：這就是「居安思危」、進而奮發圖強的精神啓發。

另外，《易經》在此啓發，就是生前當思身後之名，不要等到臨終才想起後悔虛度一生。唯有平日盡心爲善，方能隨時從容面對生死，此即孔子所說：「君子疾乎歿世而不聞。」一個人如果渾渾噩噩過一生，平日任意揮霍光陰，那只能說雖生猶死，白走了這此生。孟子講「夭壽不貳，修身以俟之，所以立命也」，在此強調修身以立命，可說完全相通。

二、「生生不息，綿綿未濟」

《易經》相傳有三種版本，一是周易，二是歸藏易，三是連山易。其中歸藏易以「坤」元爲首，代表首重大地廣生之德；連山易則以「艮」卦爲首，代表首重連續山險，以克服危難之意。

相形之下，周易以「乾」元爲首，代表首重上天大生之德，整個六十四卦，以此充滿創造力的乾元爲首；到第六十四卦，並殿以「未濟」，代表生生不息、無窮無盡的契機，也代表宇宙人生綿延不息的生意，其中意涵極爲深遠。

這種精神特色，落實在生死觀上，代表中國哲人眼光，並不只看一生一世，而是注重生生世世的綿延傳承；一個人的生理生命固然有限，但世世代代的歷史文化生命卻能無窮，這就形成中華民族綿延不絕的動力，亦即當代大哲方東美先生所稱的「共命慧」。

尤其，孔子對此闡述時，一方面強調「乾」元代表的大生之德，另一方面，同時強調「坤」元代表的廣生之德；然後合併申論，統稱「生生之謂易」，象徵生生不息的宇宙真力運轉無窮，這也成為人生奮鬥的效法對象。

此所以孔子同時指出：「天行健，君子以自強不息」、「地勢坤，君子以厚德載物」，天地運行的啓發，激勵人在宇宙之中，應該頂天立地，既效法天的自強不息，也效法地的厚德載物。

這兩句格言：「自強不息」和「厚德載物」，塑造出中華民族堅忍自強的民族精神，除了生生不息、還能愈挫愈勇，因而奠定了中華民族綿延數千年的根基。英、美等外國有識之士，用庚子賠款在中國興建清華大學時，便使用這二句做為校訓，象徵對中華民族精神特色的欽佩，的確深值國人重視與效法。

此所以，孔子在繫辭傳中曾強調：

「夫大人者，與天地合其德，與日月合其明，與四時合其序，與鬼神合其吉凶。先天而天弗違，後天而奉天時。天且弗違，而況於人乎？況於鬼神乎？」

根據孔子所說，真正的大人，就能如上所述，效法天地生生之德，形成天人合一的精神，因而能充滿幹勁，與天地合德；充滿智慧，與日月同明；充滿條理，與四時合序；充滿正理，與鬼神合吉凶。如此一來，即使先於天象行事，上天也不會違背，如果後於天象行事，更能遵循天時。連上天尚且不會違背他，更何況是人，何況是鬼神？

由此可見，《易經》中將人文價值提於最高層次，甚至可高於鬼神；然其要件，在於要合乎生生之德，效法天地大德，然後便能可大可久；此時境界早已超越個人生死，對生死更何足懼？

三、「陰陽和諧，保合太和」

《易經》所論，爲天人之道，然無論世界大宇宙，或人生小宇宙，易理都強調要能陰陽和諧、保合太和，此即《繫辭傳》中所說：

「一陰一陽之謂道，繼之者善也，成之者性也。仁者見之謂之仁，知者見之謂之知，百姓用而不知，故君子之道鮮矣。」

根據《易經》，只要陰陽之道運行平衡而且和諧，就能生生不息、開創萬物；所以說，「繼之者善也」，能繼承此道而開創宇宙萬物，就叫做「善」；能成就此道，以化育萬物，就叫做「性」（此處的性，代表「生命」，並非「性情」之性）。仁人見之稱之仁，智者見之稱之智，百姓平日都在運用卻不自知；所以，君子所說的這種「道」，已經很少人懂得了。

這就如同人身的小宇宙，身體健康時，代表陰陽能夠和諧平順，五臟六腑也能正常運作，各正其位；但是人在健康時，反而不自知健康的道理與重要，甚至經常飲食無度，破壞陰陽平衡和諧，無形中自我摧殘健康。

另外，若放眼大宇宙亦然。人類「只有一個地球」，但卻不加珍惜，經常破壞環境、污染空氣、殘害大地，以致陰陽失衡，造成臭氧層破洞、溫室效應普遍、全球氣候反常……等等，均與陰陽平衡和諧被破壞，大有關係。

此即《易經繫辭》所說「易與天地準，故能經綸天地之道」。這種陰陽平衡和諧之道，不但適用於人體（因而形成中醫的理論），同樣也適用於天地間的道理。

因爲，《易經》視宇宙萬物之間，物物相關、旁通統貫，所以六十四卦本身即形成三十二組旁通系統，這屬於典型的「機體主義」（Organism）。任何一個地方生態被破壞，整體都會受影響，小宇宙（人體）固然如此，大宇宙（天地）亦復如此。

所以，《乾文言》才強調：「乾道變化，各正性命、保合太和，乃利貞。」太和，即代表最爲宏觀的廣大和諧，例如故宮皇帝問政處，即稱「太和殿」，就在祈求國泰民安，「廣大和諧」之意。

換言之，宇宙大生之德，如同神龍般的活躍創造精神，所以「乾元」各爻均以「龍」來象徵；在這種生生而有條理的變化中，萬物各有定位，環環相扣、物物相關，各有其重要性。如同人體各種器官，無論大小，都各有其職責，不可偏廢，也不可輕忽。唯有各器官共同正常運作，才能健康和諧；人體如此，國家如此，宇宙也如此，這才能擁有「貞正」的生命。

因此，就《易經》而論，人身唯有善自養生保健，維持陰陽和諧，才能真正長壽；後來道教即由此處切入，形成陰陽五行相生相剋之理，與儒家從義理發展又有不同。然而，這也正符合上述「見仁見智」之說，各有其貢獻與特性。

四、「樂天知命，知死生之說」

根據《易經》，其易理可以從天道貫穿人道，涵蓋天地萬物，此所以《繫辭》說易：「與天地相似，故不違。知周乎萬物而道濟天下，故不過。」

正因《易經》道理與宇宙天地，近似相通，所以不會違背天地之道；人們只要能瞭解易理周遍涵蓋萬物，足以匡濟天下，行為就不會過頭。

另外，根據《易經》道理，「旁行而不流，樂天知命，故不憂。安土敦乎仁，故能愛。範圍天地之化而不過，曲成萬物而不遺，通乎晝夜之道而知，故神無方而易無體。」(12)

這代表易理中天人之道，可以普遍推行於天下而不踰越。所以，只要能在此樂天知命，就不必憂慮，對生死之際，更能豁達開朗。

此所以《易經》啓發人心，要能安分定心、敦厚行仁，以此博愛眾生。正因爲易理的廣闊，足以範圍天地化育而不過頭，可以曲折成就萬物而不遺漏，也可以通過晝夜陰陽之道而無所不知，所以，易經之理，神妙而不拘於一方，其變化也不定於一體。人們要能參悟這種廣大悉備的易理，領悟天人無礙，人心便可以效法天心般的開闊豁達，那麼面對生死之際，還有什麼可懼呢？

因此，《易經繫辭》才說：根據易理，「仰以觀於天文，俯以察於地理，是故知幽明之故。原始要終，故知死生之說，精氣爲物，遊魂爲變，是故知鬼神之情狀。」

這代表，從易經「仰觀俯察」，上通天文、下達地理，就能知道宇宙的幽明。引申而論，就由此中衍生「紫微斗數」，亦即由宋朝陳希夷仰觀天文一〇八顆星相，成爲命理之學；另外，俯察地理堪輿，形成風水之學，從宇宙幽明引申到人生的幽明，亦有其値得重視之處。

張載在《正蒙，乾稱篇》中也曾強調：

「易謂：『原始要終，故知死生之說』者，謂原始而知生，則求其終而知死必矣，此夫子所以直季路之問而不隱也。」

換句話說，「原始要終」就在探究生死之學；孔子在《論語》中罕言「性與天命」，所以對子路也答以「不知生，焉知死」，但他晚年學易之後，明顯也思考生死學，所以在《易經》中開始進一步觸及了「死生之說」。

綜合而論，從易理中「原始要終」追溯萬物的始源，並推究萬物的終結，就形成對生死的學問。後世道教即從此申論，並採取「精氣爲物，遊魂爲變」的理論，形成人間鬼神之說，並形成中國數術之學，同樣亦有其一定參考作用。

第五節　朱子的生死觀

一、「反對佛教輪迴說」

朱子明確認爲，「以偷胎奪蔭皆脫空」，亦即明白反對佛教轉世投胎的輪迴之說。這主要因爲朱子號稱「理學」大師，凡事以「理」爲主，以「理」衡量宗教的「信」，自然格格不入。所以朱子也曾強調：

「釋氏卻謂人死爲鬼，鬼復爲人。如此則天地間常只是許多人來來往往，更不由造化生生，必無是理。」（13）

根據朱子所講的「理」，佛教所稱「輪迴」，如果總是相同的人，「人死爲鬼，鬼復爲人」，那天地間看似萬物茂生，其實只有特定人「來來往往」，阻塞了造化生生不息的新機，所以必無是「理」。

然而，朱子在此明顯忽略了佛教所稱「輪迴有六道」，並非只是「人」與「鬼」兩項而已，舉凡動物、植物、礦物，均在輪迴之內；而動物類之中，更有天上飛禽、地下走獸、水中魚類、有足無足等，不勝枚舉，若再加上植物的繁多性與礦物的豐富性，同樣展現「造化生生」之理，中間並無衝突。

就佛學來說，一切造化眾生均在佛法之內，一切眾生也均有佛性，因而與「造化生生」於理仍然相通，此即所謂佛即造化、造化即佛。只因朱子受時代限制，無法深入遍閱佛經，誤以為佛學「無細密工夫」，所以有此誤解。其實佛經的細密嚴謹，從三論宗到華嚴宗，從大般若經到大般涅槃經，均已舉世公認，不能輕率否定。

二、「質疑神仙長生之說」

朱子除了反對佛教輪迴說，也反對道教神仙長生之說。所以他曾強調：

「人言仙人不死，不是不死，但只是漸漸銷融了不覺耳。蓋他能煉其形氣，使渣滓都銷融了，唯有那些清虛之氣，故能升騰變化。」(14)

朱子在此將「清虛之氣」與「渣滓」對立起來，認為清虛形象可經修煉而成，但仍並非真能長生不死。此說固然結論尚符現代科學，但其理論仍顯粗淺，因其仍憑想像推測，認為清虛之氣可以「升騰變化」，其實仍然只是自身的想像空間而已。

因此，對於是否真有神仙，朱子便顯得模稜兩可、模糊以對，他所強調的「理」碰到宗教的「信」，顯得有些左支右絀。

此所以朱子認爲，神仙即是升騰變化之清氣，「誰人說無？誠有是理，只是他那工夫，大段難做」，他並曾說「說無神仙，也不消得，便有也甚奇異。彼此無相干，又管他什麼」[15]換句話說，朱子總結對神仙之說，採「不可知論」，存而不深論，因而結論只有回歸孔子「務民之義，敬鬼神而遠之」，也算是固守儒家的基本立場。

另外，朱子在《語類》卷三十九中又強調：「人受天所賦許多道理，自然完具無欠缺。須盡得這道理無欠缺，到那死時，乃是生理已盡，安于死而無愧。」

這種人生觀，盡心盡力，死而無悔，也可算是典型的儒家人文主義精神。

三、「部分肯定鬼魂、冤鬼之說」

朱子對於神仙之說，固然採「不可知論」，但對鬼魂，尤其冤鬼之說，卻明顯相當的肯定。

此所以朱子雖然根據理學立場，對鬼魂之說批評，「世俗大抵十分有八分是胡說」，但也肯定「二分亦有此理」，因爲「多有是非命死者，或溺死，或殺死，或暴病卒死」。根據朱子分析，「是他氣未盡，故憑依如此；又有乍死後氣未消盡，是他當初稟得氣盛，故如此，然經久亦消了。蓋精與氣合，便生人物，『游魂爲變』便無了。」

換句話說，朱子認爲人之所以爲人，是「精」與「氣」結合，人若在剛死後，氣猶未消盡，便如同游魂（此即佛教所說的「中陰身」）；若是冤魂，便仍會作祟，若爲壽終正寢，等時間久了，就會消散。

因此，朱子曾經舉福州、漳州的一個命案爲例。朱子因爲曾在漳州做地方官，所以直接瞭解民間很多冤案奇冤。漳州有個婦人與人私通後，共同殺夫；其夫冤魂未散，經常作祟，但等命案被破後，凶手雙雙償命，鬼魂作祟的現象也就止息了。

事實上，朱子所提的類似案例，直到今日仍有所聞，甚至警方破案的靈異傳聞也常有例證。由此可見，朱子看法也有其一定的根據，值得重視。

四、「談命與看命說」

朱子對於「天命」與「人事」，可說採取綜合觀點，對兩者均承認。

此所以其門生詹體仁經常與他談氣數命理，朱子的答覆是：

「只是他由天命，然亦由人事。才有此事，得人去理會便了。」（16）

換句話說，朱子對「天命」與「人事」，採無可無不可的看法；他認爲有些事因天命，有些事由人事，但看當事人本身以何心態去理會。他既未否認，也未全盤接受，而是訴諸個人存在的感受，如同宗教一般，各憑自由心證。

然而，朱子對於「心學」，顯然並未透徹理解，因其偏重「理學」之故，對心學畢竟隔了一層。此其所以對佛教的心學顯然常有誤解。他對佛教所稱「性明一心，心生萬法」，評說「釋氏雖曰謂性明一心，然實不識心體；雖言心生萬法，而實心外存法。」但平心而論，真正「不識心體」者，乃朱子本人，「心外存法」，也是朱子本人；究其原因，乃係朱子囿於理而不知「心」之故。

因此，當朱子企圖解夢，也產生牽強合理化的現象。他說「其平生每見故舊親戚，次日若不接見書信及見之，則必有人談及。看來唯此等是正夢，其他皆非正。」他連夢都分成「正夢」與「非正夢」，而企圖以是否合「理」爲標準，明顯有違眾人經驗，如此將理擴充到膨脹地步，明顯不近情理。

另外，朱子對於周易，也只認爲其係「卜筮」之書，而忽略其中廣大悉備的旁通「義理」，明顯也待提昇與修正。

第六節　王陽明的生死觀

一、「論死生之道」

在陽明《傳習錄》中，曾經記載，蕭惠問死生之道。陽明回答「知晝夜，即知死生。」蕭惠繼續問晝夜之道，陽明回答說「知晝則知夜」。

這話什麼意思呢？難道對「晝」還有不知的嗎？陽明的回答是：

「汝能知晝，懵懵而興、蠢蠢而食，行不著、習不察，終日昏昏，只是夢晝。唯『息有養，瞬有存』，此心惺惺明明，天理無一息間斷，才是能知晝。這便是天德。」（17）

然後，他進一步說明，「便是通乎晝夜之道而知，更有什麼死生」。

換句話說，陽明在此，看破生死，也超越了生死。他如何做到呢？就是靠著充實生，因而超越死。如同瞭解晝，就能瞭解夜；若能瞭解生的意義，就已同時超脫了「死」。

此其所以強調，要能「息有養，瞬有存」，把握生命的每一時刻，充實生命，完成自我，存養天心，然後才能將此心直通天心，沒有一息間斷。反之，如果每天不知珍惜生命時光，只會渾渾噩噩、昏昏沉沉，那就雖生猶死。

陽明這種積極充實人生的觀念，可說上承孔子「不知生，焉知死」的看法，引申成「不知晝，焉知夜」，並直承孟子「盡心則知天」的觀念，其中深意，很有啓發性。

張載在《正蒙．太和篇》中，也曾強調：「聚亦吾體，散亦吾體，知死之不亡者，可與言性矣」；另外，在《正蒙．誠明篇》則說：「盡性然後知，生無所得則死無所喪」。此中精神，可說完全相通。

二、「病中磨練功夫」

陽明學生澄在鴻臚居住期間，忽然接到家信，說他兒子病急，他當然非常的憂悶。陽明此時便勸慰他：

「此時正宜用功，若此時放過，閒時講學何用？人正要在此時磨練。父之愛子，自是至情，然天理亦自有個中和處，過即是私意。」(18)

換句話說，陽明當然也很體恤父子之情，父親對孩子病危心中至痛。但他也指出，如果因此而傷身，便是太過，有失中和之道。他強調：「人於此處認做天理當憂，則一向憂苦，不知已，是有所憂患，不得其正。」

所以，陽明主張「必需調停適中始得」，這也正如因父母之喪，「人子豈能不一哭便死，方快於心？然卻曰『毀不滅性』。」

陽明在此也說「天理本體，自有分限，不可過也。」無論是對子女病重，或對父母喪祭，雖然痛心傷心，但也不能太過，此中分寸節哀，就是陽明說的「磨練」功夫，不能只是空話，而須切身力行。

此所以九川在虔州臥病時，陽明先生先問「病物亦難格，覺得如何？」九川對曰「功夫甚難」，陽明就回答「常快活，便是功夫」。（19）

換句話說，陽明所說「功夫」，代表即使人在病中，也要盡量讓心中快活，不被病痛所苦。雖然很難，尤其對癌症病人更難，但正因很難，所以才更見心性的磨練功夫。此中激勵病人樂觀奮鬥、苦中作樂的精神，也很值得重視。

另外，陽明友人艾鐸曾問：「如何爲天理？」陽明先生回答問「就爾居喪上體驗看」，艾鐸回答，「人子孝親，哀號哭泣，此孝心便是天理。」但陽明認爲並不盡然，因爲對外表現的形式並不重要，內心的真切才重要。此即陽明所稱：

「孝親之心，真切處才是天理」，否則「若無真切之心，雖日日定省問安，也只與扮戲相似，卻不是孝，此便見心之真切，才爲天理。」

證諸今日社會，甚至有付錢請人專門大哭的喪家，明顯有違真切之心。所以，陽明在此強調「真切之心」，對今日喪禮改革，的確很有啓發性。

三、「仁人志士看穿生死」

陽明的學生曾問他「仁人志士」的內容精義；陽明回答：

「只爲世人，都把生身命子看得太重，不問當死、不當死，定要婉轉委曲求全，以此把天理卻丟去了。」(20)

所以陽明認爲，以仁心天理爲中心主宰最爲重要，如果「忍心害理，何者不爲？若違了失理，便與禽獸無異。便偷生在世上百千年，也不過做了千百年的禽獸。」

陽明在本處，最重要的便是強調，要能看透「當死不當死」，如果當死而怕死，昧了良心，害了天理，這種「偷生」，也不過與禽獸相同而已。

因此，陽明也以比干、龍逢等賢臣比喻，「只爲他看得分明，所以能成就得他的仁。」

除此之外，陽明先生也曾強調：

「學問功夫，於一切聲利嗜好，俱能脱落殆盡，尚有一種生死觀念，毫髮掛帶，便於全體未有融釋處。」(21)

換言之，陽明認爲，磨練學問功夫，若能把一切聲利俗念都看破，但對生死還有一絲一毫的牽掛，那就是對全體宇宙生命，還沒有完全融入參透。

因此，他提醒：

「人於生死念頭，本從生身命根上帶來，故不易去。若於此處見得破、透得過，此心全體方是流行無礙，方是盡性至命之學。」（22）

根據陽明，人生面對生死，要能「見得破、透得過」，才能真正稱爲合「天地萬物爲一體」的仁心，也才真正可稱此心與天地大化「流行無礙」，這才算真正盡性至命的成功。此中境界，對精神修養的啓發，深具重要性。

另外，陽明也曾引述孔子「文王既沒，文不在茲乎」，稱頌孔子立志在於傳承文化道統，甚至可以生死以之，無怨無悔。這種信心、決心與志節，形成孟子後來所稱至大至剛的浩然之氣，因其「配義與道」，所以可以貫穿天地，看破生死。

根據陽明先生，有了這種一貫的正氣精神，自然不會把生身命子看得太重，更不會只看到小我的生命，而能寄託於文化道統的大我生命，或者國家民族的永續命脈。如此一來，即使小我身體已逝，但因死得其所、死得其時，國家大我得以長存，便能成就仁人志士的生命情操。人類歷史無數可歌可泣的光輝史頁，即由此產生，所以深值重視其啓發性。

四、「集義不必怕鬼」

陽明學生澄問：「有人夜怕鬼者，奈何？」

陽明回答：「只是平日不能集義而心有慊，故怕。若素行合於神明，何怕之有？」

子莘又接著問：「正直之鬼不須怕，恐邪鬼不管人善意，故未免怕鬼。」

陽明的回答非常中肯：

「豈有邪鬼能迷正人乎？只此一怕，即是心邪。故有迷之者，非鬼迷也，心自迷耳。如人好色，即是色鬼迷。好貨，即是貨鬼迷。怒所不當怒，是怒鬼迷。懼所不當懼，是懼鬼迷也。」（23）

換句話說，陽明強調，此心如果光明，何必有任何怕？如果此心一怕，心虛了，便是心邪了。本身心邪，便會有所心虛，也會有所理虧，自然心中先怕。因此，並非鬼迷可怕，而是自己本心先迷先虛，這才可怕。

根據陽明先生，只有本身平日「集義」，以公平正義爲中心主宰，以此養氣修持，才能心中充滿正氣，也才能言行正派。如此一來，平日不做虧心事，自然夜半敲門均不用驚。

陽明這種「心學」傳統，直接上承孟子「集義」、「養氣」之說，並更進一步的引申發揚；所以在孟子稱「萬物皆備於我」，而且「所存者神，所過者化，上下與天地同流」，到陽明，則更進一層申論，強調「天地與我同體，鬼神與我同體。」（24）

陽明先生並曾就此進一步說明：

「我是靈明，便是天地神明之主宰。天沒有我的靈明，誰去仰他高？地沒有我的靈明，誰去俯他深？鬼神沒有我的靈明，誰去辨他吉凶災禍？」

所以，就陽明先生所見，天地萬物甚至鬼神，本來都經過我心之靈明，融合流通爲一體，沒有任何間隔：

「天地鬼神萬物離卻我的靈明，便沒有天地鬼神萬物了；我的靈明離卻天地鬼神萬物，亦沒有我的靈明，如此便人一氣流通的。如何與他間隔得？」

陽明這種學說，從知識論上，看似英國經驗主義（Empiricism）中，柏克萊（G. Berkely）的「主觀唯心論」（Subjective Idealism），其實更有恢宏廣闊的生命論與宇宙觀在內，對於人們的心靈修養，更有切身可行性，很能做爲改革社會風氣的動力，所以深値各界重視。

【註釋】

⑴顏淵第十二，《四書讀本》（台北：三民書局），頁197。
⑵先進第十一，《四書讀本》，頁185。
⑶同上，《四書讀本》，頁184。
⑷八佾第三，《四書讀本》，頁89。
⑸雍也第六，《四書讀本》，頁129。
⑹衛靈公第十五，《四書讀本》，頁245。
⑺孟子盡心上篇，《四書讀本》，頁613。
⑻引自《陽明傳習錄》，第134條。
⑼孟子盡心篇。
⑽孟子盡心下篇。
⑾周易繫辭傳。
⑿同上。
⒀朱子，《語類》，卷126。

⒁同上，卷125，第59條。

⒂同上，卷114，第40條。

⒃同上，卷138，第67條。

⒄同上。

⒅陽明，《傳習錄拾遺》，第44條，頁82。

⒆同上，第215條，頁296。

⒇同上，第254條。

(21)同上。

(22)同上。

(23)同上。

(24)同上，第336條，頁380。

第八章 道家的生死觀

第一節　老子的生死觀

一、「各歸其根」

在老子看來，天下萬物，萬物並作，但最後仍是回歸它的根源；此其所謂：「夫物芸芸，復歸其根。歸根曰靜，是謂復命。」（第十六章）

落實在生死問題上，這就產生了中國文化特色「落葉歸根」的傳統。所以，老子所稱「各復其根」，萬物回復各自根源，一方面固然代表了天地的自然現象，但另一方面，同時也表示了宇宙爲萬物之母，人在生老病死之後，自然也回歸大地母親的懷抱。

所以，老子也曾經說：「既知其母，以知其子，既知其，復守其母，終身不殆。」他以最親切的母子關係，來比喻大道與宇宙萬物的關係；代表一切宇宙萬物來自於母親，仍要回到母親那裡，一切落葉到最後還是回到大地，回到根本。

這在基督教的講法是：一切來自塵土，歸於塵土；但以道家的自然論來看，則是認爲一切萬物生命，由大地來孕育、滋養，所以凋零病老之後，還要再回到大地，這是非常自然的現象。

所以，我們若以一句話來表示老子的生死觀，他可稱「自然論」者，並不是「命定論」者，也不是「宿命論」者。這與儒家孔孟不同，甚至和莊子也不相同。

莊子與孔孟相近，所以在《大宗師》講：「死生，命也」，他認爲死生有一定的天年，如同孔門所說「死生有命」，孟子所說「夭壽不貳」，但老子卻對此存而不論，僅強調生死的歸宿是「各歸其根」，而不去碰觸壽命是否有定數。

另外，根據《老子》，「復命曰常，知常曰明。不知常，妄作凶。知常容，容乃公，公乃全，全乃天，天乃道，道乃久，終身不殆。」所以歸根之後的復命，才能回到常道，若能把握這個常道，才算明智，否則妄作妄動，便會產生禍害。根據這個常道，才能符合大公，也才能符合自然，進而終身沒有任何危險。

這種養生保身之道，提醒人們，生活要正常，飲食要正常，睡眠要正常，不可妄作妄爲，的確也深具啓發性。

二、「大道為萬物最終點」

在老子的生死觀中，非常強調大道爲萬物的最終點；也就是一切萬物的終極歸宿。

所以，若論終極關懷，道家的中心議題，即在關懷人生最後歸宿。基督教對此稱「天國」，佛教則稱「涅槃」，道家則稱「爲天下母」，亦即天道。

此所以《老子》說：「有物混成，先天地生，寂兮寥兮，獨立而不改，周行而不殆，可以爲天下母。吾不知其名，字之曰道；強爲之名，曰大。大曰逝，逝曰遠，遠曰反。」

根據《老子》，一切萬物的最後歸宿，都是歸於大道，它獨立於萬物之上恆久不變，運行於宇宙之中，永不止息。所以，吳經熊所翻譯的《聖經》「約翰福音」，頗具苦心的翻成：「太始有初」，太初就是上帝，而上帝就是「道」。上帝是西方所講的最高歸宿，在中國道家來講，最高、最遠的歸屬，雖「不知其名」，但強爲之名，便稱作「道」，此中精神，彼此很能相通。

《老子》在此不同的地方，是《老子》進一步強調域中有四大：「道大，天大，地大，人亦大」，但基督教則是只有上帝最大，天、地都沒有上帝大，相形之下人最小，形成「尊天卑人」；可是道家則沒有這種想法，人是頂天立地，與天地同樣偉大，甚至與大道同樣偉大。

所以，根據《老子》，人要法地，然後「地法天、天法道、道法自然。」（第廿五章）。所以人對生死的看法，就應法乎天地，順乎自然，一切都以自然爲最高原則，才能形成其原來偉大的本性。

懷海德在《創進中的宗教》（Religion in the Making）中，分析宗教有兩種特性，其中之一就是「終極性」（the Consequent Nature），也就是本段強調最後的關懷、最後的歸宿，老子認爲這就是道，人只有歸於「道」，才能安寧。聖經中也認爲：神是「最終點」，正如同這個「道」，只是道家所講的最終點，未稱爲「神」，而稱作「道」。

三、「道是萬物最終點，也是最始點」

根據《老子》前述，「道」是最終極的歸宿，但它同時也是最原始的起點；用懷海德的話來說，同時也是「原始的本性」（the Primordial Nature）；用《聖經》的話說，「是最終點，也是最起點；是α點，也是ω點」。所以《老子》同時說：「道生一，一生二，二生三，三生萬物」，道同樣也是創造萬物的最起點，所謂「天下有始，以爲天下母」（52章），就是這個意思。

根據《聖經》，萬物最後仍要回歸到神的懷抱裡，神是最終點，但神同樣創造萬物，所以也是最起點。因此，聖經用希臘字母的最終字與最首字爲象徵，強調：「神是α，神也是ω」，便屬同樣精神。

換句話說，道家在此不約而同認爲：「道」是一切天下之母，同時是創生一切萬物之根源。所以，《老子》開宗明義在第一章就說：「無，名天下之始；有，名萬物之母」，然後指出「此兩者，同出而異名，同謂之玄。玄之又玄，眾妙之門。」此地所說的「玄之又玄」，並非聽不懂的壞意，而是指人生精神應自我提昇，不斷提神於高空，以自然心情流眄萬物，即可領悟眾妙之門，自然也可領悟生死之門。此種超越精神，的確深具啓發性。

四、「動無死地」

根據老子，真正得道、善於攝生的人，其精神很鎮定、冷靜，足以超越任何挑戰與打擊，所以「動無死地」。因此《老子》強調：

「出生入死。生之徒十有三，死之徒十有三；人之生，動之死地，亦十有三。夫何故？以其生生之厚。蓋聞善攝生者，陸行不遇兕虎，入軍不被甲兵，兕無所投其角，虎無所措其爪，兵無所容其刃。夫何故？以其無死地。」(一)

《老子》認為，人們出生之後，能長壽約有百分之三十，短命夭折，也約百分之三十，本來可生，自己踏入死地的也有百分之三十。從這點看來，可以證明，《老子》並不認為生死是「定數」，所以這最後的百分之三十，等於自行尋死，並非命中註定。若按佛家的說法，即使自殺尋死，也是輪迴中命定的因果。按儒家來說，生死有命，夭壽不貳，自殺尋死也是命中定數，都是冥冥之中註定，別人也無法挽救。可是《老子》卻不認為如此，所以《老子》很強調「攝生」、養生之道，並且認為真的可以有用，足以延長壽命，這也證明他並非宿命論者。

然而，《老子》的真正精神，在於強調「聞善攝生者，陸行不遇兕虎，入軍不被甲兵」，只因「其無死地」。他強調，善於養生的人，根本就不會進入致死的境地。從現實的科學眼光來講，並不可能，因為在陸地上遇到老虎，或在敵營中碰到兵刃，當然很難逃生。《老子》在此只是以象徵式的比喻，說明精神修養的重要性，能透過深厚的智慧，看透人生、看穿生死。所以，任何挫折、打擊，都無法對其傷害，反而能夠愈挫愈勇。後來莊子更進一步闡釋，認爲「神人，物莫之傷」，道理也完全相通。

再後來，民間道教信仰，便是根據這些篇章，引申出來練氣功、練丹等長生不老術，或外力不傷術，並托老子爲師，其實並非老子本意。老子本意，是在面對萬物變幻、面對生死無常時，能夠效法大道，胸襟豁達，然後才能看破生死，克服種種挫折。

但是，道家的確強調養生之道，相信透過自然養生，仍然可以長壽。根據《老子》，雖然有些人天生長命，但也可能因未珍惜而傷身；有些人可能天生體質虛弱，但是仍可以透過養生之道及開朗精神，來延長生命。此中哲理，在提醒人們應珍惜生命、善養精神，並且順應自然、虛靜淡泊，均有重要的啓發性。

另外，《老子》在第七十一章又說：「夫唯病病，是以不病。聖人不病，以其病病，是以不病。」這段話就養身來說，也提醒人們，要能提高警覺，經常能把病當做病，對於身體健康，戒慎恐懼，常常體檢，那才能防止大病。若就醫治人生與社會病態來說，也是要能經常防微杜漸，重視預兆，才能防止大病。凡此種種，均極具警示作用。

五、「禍福相倚」

老子是個自然論者，同時也是相對論者。因此，老子強調「禍兮，福之所倚；福兮，禍之所伏。孰知其極？其無正。」（58章）

換句話說，根據《老子》，很多事情，眼前看似禍，但卻可能隱藏福音，或者看似福，其實隱含禍因；誰曉得呢？這是說不準的。這也正如同「塞翁失馬，焉知非福」一樣，或者再得馬，又焉知非禍一樣。

《老子》在此，用相對論的角度，提醒世人，不能用偏執的單一觀點，執而不化，也要能用辯證的逆向思考，才能更加豁達與淡泊。

所以，《老子》曾進一步指出：「正復為奇，善復為妖」，「正」可能變成「邪」，「善」可能變成「惡」，此一時，彼一時。而且，在某人可能善，但對別人可能惡，此亦西諺所稱：「某人的解藥，可能是別人的毒藥」。所以，不能偏執不化，要能通達開朗才行。

因此，《老子》提醒世人，「人之迷，其日固久」，人們在此迷惑頑冥不靈已經很久，只有聖人才能看透、看破；對生死的辯證關係，也應如此看待。

因為，生死如同福禍，也是相依相存的。在生命的每個階段中，可能都隱藏著死的因素，但在死地之中，同時也可能是生的最後機會。《老子》曾經明講，「置之死地而後生」，這也就代表著：怕死者更會死，不怕死反而能生，此中重要哲理，深值重視。

另外，《老子》曾經強調：「民之輕死，以其上求生之厚，是以輕死。夫唯無以生爲者，是賢於貴生。」（75章）這是從統治者來看，如果在上位者，奉養過份奢侈，並多苛捐雜稅擾民，搞得人民覺得生不如死，所以輕死。若在上位者能恬淡清靜，才真正是賢者。

在這段中，《老子》明白指出，人之常情，仍然重視生死，但若碰到惡君、荒年，便會覺得生不如死。如此可以證明，《老子》雖然勸解個人要能超越生死，但對統治者仍然警示，應重視人民生死，仍可見其以民爲本的仁心。

六、「堅強者死之徒，柔弱者生之徒」

《老子》曾經強調「堅強者死之徒，柔弱者生之徒」（67章），並明確指出「強梁者不得其死」（第42章），這些都與老子的養生、護生觀念有關係。

《老子》在此的意思是指，人在活著的時候，身體是柔軟的，但死後則變成僵硬，他以此比喻，僵硬逞強，都會帶來死亡，反而有彈性、懂得伸縮，才能夠生存。所以，如果用兵聲勢很強，反而不會贏，哀兵才必勝。凡是強大的，反會居於下位；凡是柔弱的，反能處在上面。此即老子所

謂「強大處下，柔弱處上」，亦即其所說的「天下莫柔弱於水，而攻堅強，則莫之能勝。」（78章）

然而，《老子》並非一昧的強調示弱，而是要能和氣，並能真正和諧。此所以《老子》說：「萬物負陰而抱陽，沖氣以爲和。」也就是要能夠剛柔並濟、陰陽平衡；所以，第四十二章說：「人之所惡，唯孤、寡不穀，而王公以爲稱。故物或損之而益，或益之而損。人之所教，我亦教之。強梁者，不得其死，吾將以爲教父。」

沖氣以爲和，就是要能求得平衡和諧。根據《老子》，萬物化生的道理，就因爲有陰陽兩氣在互動中，不斷的創造、繁衍出萬物。落實在人世間，就是若有衝突產生，也要能理性互動，而不能硬碰硬，要能雙方都各讓一步，尋求動態中的平衡點，才能真正和諧並存。

所以《老子》在此，再以王公比喻，寧願自己受損，自稱「孤」、「寡」、「不穀」，要用這種低姿態待人處事，才能真正受益。千萬不能自以爲是，一意孤行，否則成爲強梁，反而不得其死。如果自大自滿，表面上看起來得益，其實一定受損。如果相互忍讓，都有受損，其實卻是整體受益，雙方均贏。

簡單的說，老子是「自然論」者、「養生論」者，也是溫和「理性論」者，並且可說是位謙遜爲懷、勇於傾聽相反意見的「溝通者」，其中很多教誨深值重視，尤其他對生死的看法，認爲要順乎自然，以平常心相對，而且平日就應注意養生，待人處世勿走極端，均深具重大啓發性。

第二節　莊子的生死觀

一、「死生命也」

莊子在《大宗師》中明文寫道：「死生，命也」，可說典型的宿命論。他並且強調，「其猶夜旦之常，天也；人之所有不得與，皆物之情也」；在他看來，人生有生死，就如自然有晝夜，也如同萬物有自然的規律，均屬客觀化的運轉，並非人類本身意願所能移轉，這都是萬物的常情。所以，人們一旦瞭解這點，便能對生死用很自然的眼光看待。

根據莊子的看法，非但生死是有命的，富貴、貧窮、毀譽也都是有命的。所以，莊子在《德充符》中，假借孔子之口，回答哀公問題：

「死生、存亡、窮達、貧富、賢與不孝、毀譽、飢渴、寒暑，事之變也，命之行也。」

莊子認爲，這一切都是造化安排好的，可稱是極端的宿命論，比孔門說的更爲極端。孔門僅僅說「生死有命，富貴在天」，但孔子並不認爲賢與不孝、毀譽也是命定的；可是莊子從宇宙的宏觀點來說，一切都是命定。

根據莊子看法，從生死、存亡、窮達、富貴……到毀譽，甚至飢渴、寒暑，都是事物的變化，和天命的運化。他將自然界的寒暑、生理上的飢渴，與命理上的死生、窮達、貧富，均做等量齊觀，均看成「自然」與天命；因此他認爲，得之無須驚喜高興，失之也無須驚恐遺憾。此所以莊子繼續強調：「故不足以滑和，不可入於靈府。使之和豫，通而不失於兌」；人生在此，應看透生死、貧富、得失與一切變化無常。因此，人們根本不必爲這些變化動心，更不必爲這些變化動氣，然後才能「與物爲春」，以無心之心順應自然，以平常心面對變化。他稱此爲「才全」，亦即保存自然之全心；其中深意，的確很值省思。

另外，從莊子看來，身體先天或後天的殘障，也都是命定的，所以大可用平常心面對。因此，他在《養生主》中提到：

「公文軒見右師而驚曰：『是何人也？惡乎介也？天與，其人與？』；曰：『天也，非人也。天之生是使獨也，人之貌有與也。以是知其天也，非人也。』」

根據莊子，人的形狀有兩條腳，可是天生右師使他只有一條腳，這是天命而非人爲，因而只有順應自然，以平常心看待，無須大驚小怪在意。

二、「死生一體」

根據莊子看法，死生只是一體之兩面，連生與死都相通。所以，他在《知北遊》中說：「死生有待耶？皆有所一體」；在他看來，並沒有差別。而且，「死也，生之始；生也，死之徒，孰其紀？」換句話說，生是死的繼承，死是生的開始，誰又知道其中的規律呢？

所以，莊子強調，對生死要超乎其外：只有看破生死、看透身後的世界，沒有人間各種煩惱，既沒有上級管，也沒有下屬煩，更沒有各種痛苦，便知死後也有其快樂之處。那又何必為生死而憂心呢？

此其所謂：「死，無君於上，無臣於下，亦無四時之事，縱然以天地為春秋，雖南面王樂，不能過也。」

在莊子看來，身後的世界，其快樂比起南面而王，都還有過之而無不及，這比蘇格拉底的豁達，更有過之，可稱極端的樂觀主義了。

尤其，根據莊子，「人之生，氣之聚也」，聚則為生，散則為死，既然生死相互循環，互為一體，那又有何憂慮？

此其所謂：「死生有待邪？皆有所一體」，要能領悟這點，便知死生一體、萬物一體，只有達者知「道通為一」。因為，「凡物無成或毀，復通為一」（齊物論），因而面對死亡，根本不用焦慮：

「若死生為徒，吾又何患？故萬物一也。視其所美者為神奇，視其惡者為臭腐，臭腐復化為神

奇，故曰：通天下一氣爾，聖人復歸一。」(2)

另外，莊子又曾強調：「孰知生死存亡之一體者，吾與之友」(大宗師)，文中並記載，子來臨終前還勸妻友：

「夫大塊載我以形，勞我以生，佚我以老，息我以死。故善吾生者，乃所以善吾死也。」

這話代表，以生爲善，也要以死爲善。他又認爲：「今一以天地爲大爐，以造化爲大冶，惡乎往而不可哉？」人們若能看出，天地爲大熔爐，造化爲大鐵匠，那往何處生不可呢？莊子此中智慧，視生死如一，均融入大化中，在那裡都一樣；其豁達胸襟，的確深具啓發。

三、「生之前無始，死之後無終」

「人從那裡來，又到那裡去？」這個根本的哲學問題，直接影響不同學派的人生觀與生死觀。人生始於何處？終於何處？從儒家看來，重點不在關心生前與死後，而在「生命」本身這過程。儒家認爲人生「有始無終」，此所以周易始於乾元，而殿以「未濟」，很有象徵意義。在佛家看來，人有前世因果，但因果前又有因果，無法究其始；然而，此生業力可以決定來世，所以其輪迴說堪稱「無始有終」。

但在道家看來，顯然與這兩家不同。莊子認爲，生之前，推到極致，只能是無；死之後，也只是無。所以，對這問題的答案，是開放性的「無始無終」。此其所謂「道，未始有封」（齊物論）。

因此，莊子在《齊物論》中提到：

「有始也者，有未始有始也者；有未始有夫未始有始也者。有有也者，有無也者，有未始有無也者，有未始有夫未始有無也者。」

因而追溯到最原始，層層往前推，最後只能說「無」。另外，同樣情形，若要推到未來，最終極也只能說「無」。整體宇宙生命尚且如此無窮無盡，人的生死，出入其中，同樣無始無終。所以，根據莊子，人生若能看穿這點，便能充分領悟「天地與我並生，萬物與我合一」的至理，既可與天地萬物並生為一，那又何必在乎短暫的生死？

除此之外，莊子在「知北遊」中，同樣透過寓言，點出「無」才是宇宙最高勝境，同樣深具啓發性。

在《知北遊》中，莊子描述「知識」先生到北海遊玩，遇到「無為」先生，便問無為先生：「何思何慮則知道？何處何服則安道？何從何道則得道？」無為完全沒有答覆。後來，知識先生遇到「狂屈」先生，同樣問他這三個問題，狂屈說，他知道，可是話到嘴邊卻忘了，仍然沒講。最後，知識先生問黃帝（代表人類智慧），黃帝答覆知識先生說：「無思無慮始知道，無處無服始安道，無從無道始得道。」也就是說，凡是知識先生問到「何」的地方，他全答說是「無」，對所有問題的答案，都以「無」回答。知識先生聽後就說，「這答案太好了，你才是真正有智慧的人！」

但黃帝卻回覆，在三人之中，其實他才是最沒有智慧的人，「無爲」先生才是真正最有智慧的人，因爲，他是用行動——沒有回答，來表示答案。另外，其次有智慧的則是「狂屈」，他雖說他知道，但是畢竟沒說出來。相形之下，黃帝最差，竟然說破了、講了出來。當然，他是爲開方便之門，才說出來，否則人類根本渾然無知。只是，這並非「究竟智」，最終的智慧還是「無」！此中深意，極值省思。

正因莊子肯定生命發展，可以無窮無盡，所以對民族生命的綿延，很有啓發性；對歷史命脈的傳承，更有積極的促進性。此其在〈養生篇〉中所謂：「臘，窮於爲薪，火傳也，不知其盡也。」

這句話代表，薪木雖然生命有限，如同人的生命有限，但只要能「薪火相傳」，代代不息，就能無窮無盡；文化生命亦復如此，只要能如同薪火般接續傳承，就能綿延無窮，民族生命也能無窮無盡，並且繼續發揚光大。此中深意，非常值得體認與力行。

四、「真人、至人、神人、聖人，完全超越生死問題」

在莊子心目中，對理想的精神人格，經常用「真人、至人、神人」等比喻，而其共同點，都是能超越生死。

此其所以莊子在《大宗師》形容「真人」：「古之真人，不知悅生，不知惡死」，對於生死大關，完全都能淡然視之；「其出不訢，其入不距，翛然而往，翛然而來而已矣。」他對出生並不欣喜，對於入死也並不拒斥，如同翩翩然來了、翩翩然又去了，視死生也不過如此。

對於「至人」，更因其能超越生死，連生死都無法對其動搖，更何況世俗利害？至人之所以被稱爲至人，正因爲其心中至爲沉著、至爲冷靜、至爲超越，對任何變化都不驚。所以莊子用象徵筆法指出：

「至人神矣！大澤焚而不能熱，河漢沍而不能寒，疾雷破山風振海而不能驚。」

正因「至人」的精神能有如此修養，所以足以超越四海之外，超越生死之上，此即所謂：「若然者，乘雲氣、騎日月，而遊乎四海之外。死生無變於己，而況利害之端乎！」

另外，對於「神人」，莊子除了同樣形容他「乘雲氣，御飛龍，而遊乎四海之外」，並且明白指出，其精神修養，沒有任何外物可以傷害。即使大洪水泛濫到滔天的程度，他也不會淹死，即使大旱天酷熱的程度，金石爲之融化、土山爲之燒焦，他也不覺得熱。神人有這樣的精神修養，怎會被生死所動搖、擊倒呢？此即莊子所謂：

「之人也，物莫之傷，大浸稽天而不溺，大旱金石流、土山焦而不熱，是其塵垢粃糠，將猶陶

鑄堯舜者也，孰肯以物爲事。」(3)

綜合莊子所說的「真人、至人、神人、聖人」，共同精神特色，都有最高的超越精神，足以自提其精神於高空，再俯看人間一切萬象，如此跳出人生看人生，以超然冷眼觀生死，所以才能產生精神的大鎭定與大冷靜，根本不受任何喜怒哀樂所影響，也不會受生死的俗務所牽絆。這種精神修練，對一般世人，的確也深具啓發作用。

五、「人生如夢，唯大覺能大悟」

莎士比亞曾經比喻「人生如戲」，充滿各種戲劇性；俞大維先生則認爲「人生如劇本」，代表情節大致已由命定，人生的意義，主要在演好自己角色，完成自我責任。

相形之下，莊子雖然也認定「生死有命」，但卻認爲「人生如夢」，夢者與覺者又因經常角色互換，而相互不覺，唯有真正大覺者，才能如胡塞爾（Husserl）現象學所說的大弧括，「存而不論」（epoche），刮落生死現象，跳脫塵世俗念，真正超脫生死，領悟大道。

所以根據莊子，怎麼知道「喜好生命」並不是一種迷惑呢？怎麼知道「厭惡死亡」不是一種偏執，如同浪子不知歸鄉呢？怎麼知道死去的人不會後悔，當初根本不該生出來呢？

此即莊子所謂「予惡乎知悅生之非惑邪？予惡乎知惡死之非弱喪而不知歸者邪？……予惡乎

知夫死者不悔其始之蘄生乎！」

莊子並曾以女子麗姬為例說明。麗姬是艾地封疆人的女兒，當晉國剛迎娶她時，她哭得要命，但等她真正到了晉王宮中，既有美床、又有美食，才後悔當初不該哭泣。所以莊子在《齊物論》中就說：「麗之姬，艾封人之子也。晉國之始得之也，涕泣沾襟。及其至於王所，與王同筐床、食芻豢，而後悔其泣也。」

因此，莊子進一步強調：「夢飲酒者，旦而哭泣；夢哭泣者，旦而田獵。方其夢也，不知其夢也。夢之中又占其夢焉，覺而後知其夢也。」

根據莊子看法，有些人在夢中飲酒作樂，但早晨起來，在現實生活中卻煩惱哭泣；有些人正好相反，夢中哭泣悲傷，早上卻能打獵作樂。很多人在夢中，並不知道作夢，甚至在夢中還有再作夢者，醒了之後才知是連環夢。

所以，莊子指出：只有大覺的人，才知道人生一輩子，其實只是一場大夢！只有愚蠢的人，自以為清醒，什麼都知道，其實都被命運掌控中；天天關心什麼君呀、民呀、政局呀！殊不知真是偏執，都只是命中註定的夢中情景。

此即莊子所謂：「愚者自以為覺，竊竊然知之。君乎，牧乎，固矣！」他並稱這種現象，就叫做「吊詭」，亦即看似掌控蒼生，影響眾生，其實本身才被命運掌控，如同夢中不知作夢，等醒來後才知作夢，但又有時不知何者爲夢，何者爲真。所以，只有真正大覺之士，才能領悟此中至理。

此中情境，正是莊子著名的「莊周與蝶」比喻，他說：

「昔者，莊周夢爲蝴蝶，栩栩然蝴蝶也。自喻適志也與！不知周也。俄然覺，則蘧蘧然周也。不知周之夢爲蝴蝶，蝴蝶之夢爲周也？」(4)

所以，在莊子看來，他冷眼旁觀人生，很多熱中名利之徒，其實都如夢中虛幻，很多權謀用盡之徒，更如同在夢中自以爲是，其實渾然不知自己也在作夢，本身卻被更高的命運操控，只有大覺者，才能看破此中迷障，明辨此中吊詭，真正順應大道，回歸大道！

這正如同莊子《逍遙遊》中比喻的大鵬鳥，能夠從九萬里上的高空俯看地面，才能看穿各種各種真相，把被顛倒的再顛倒回來，如此領悟萬物平等的「齊物論」，再回到「人間世」，才能腳踏實地，根據「真宰」，活出真性情的真我！

六、「生死平等無別」

莊子在《天地篇》中，第一句話就說：「天地雖大，其化均也；萬物雖多，其治一也。」代表整個萬物息息相關，死生也完全相通，平等如一。

另外，莊子在《德充符》中，也曾經借用孔子之口，高度推崇一個被斷腳的人，名叫王駘。

常常季問原因時，孔子回答，連他自己都想追隨他，「引天下而與從之」，爲什麼會如此呢？就是因爲他能看破生死，將生死看成平等，也能將殘與不殘看成平等。此即莊子所說：

「死生亦大矣，而不得與之變，雖天地覆墜，亦將不與之遺。審乎無假而不與物遷，命物之化而守其宗也。」

根據莊子看法，生死本爲一件大事，但王駘竟然能夠心情不受影響，能夠審視生命真相，把握宇宙根本大道，不受假相影響，不隨物象變化，當然極爲高明。

常季仍然不懂，再問。莊子便借孔子之口，再進一步闡述：

「自其異者視之，肝膽楚越也；自其同者視之，萬物皆一也……物視其所一而不視其所喪，視喪其足猶遺土也。」

換句話說，莊子肯定，人對萬事萬物，若刻意視其「異」，那麼連肝膽都相異，像楚越一般的不同；若能從「同」者去看，那麼萬物都可相通，堪稱萬物一體。王駘的可貴，就在已經領悟此道，所以能從整體相同處看萬物，而不從殘缺看萬物，以此看斷腳，正如看斷泥土一樣，能夠無動於衷。擴而充之，對生死也能從同者看，看成平等如一，這難道不令人欽佩嗎？

由此充分證明，在莊子的眼中，眾生都是平等，富人與窮人固然平等，強人與弱人也都平等，殘與不殘也平等，生與死也平等，均「如一也」。人生要能有此豁達胸襟，自然連孔子都欽佩，甚至願率弟子拜其爲師。雖然這些並非常人所能及，但若心嚮往之，以此爲目標，多少都能在面對生死時，增加心中的豁達，減少世俗的哀痛。

此所以莊子喪妻之後，竟然「鼓盆而歌」，連其朋友惠子都看不過去，認爲太過份了。莊子便說明，他剛開始也會難過，但繼又想到，其妻生命原本從無到有，現再回到無，生命變化，正如同春夏秋冬運行般的自然，現在她正安睡在天地的大宇宙中，他如果還想哭，豈非太「不通乎命」？如此想通，心情就轉爲平靜了。

另外，莊子也提到，老子逝世後，其朋友秦先去追悼，只哭了三聲便出來，老子的學生責怪他，他便闡述老子的哲理：「適來，夫子時也；適去，夫子順也。安時而處順，哀樂不能入也。」（養生主）

換句話說，老子翩然而來，是應時而生，他又翩然而去，是順理而返天。所以，只要安時順處，將生死看成平等無別，哀樂自然不能入心。他稱此爲「懸解」，也可說是紓解家屬心情如倒懸般哀傷的方法。

最後，當莊子本人將過世時，學生要爲他厚葬，莊子也是同樣的通達。他說：

「吾以天地爲棺槨，以日月爲連璧，星辰爲珠璣，萬物爲齎送，吾葬具豈不備邪？何以加此！」(5)

弟子本來還企圖辯解：「吾恐鳥鳶之食夫子也。」莊子便進一步說：「在上爲鳥鳶食，在下為蟲蟻食，奪彼與此，何其偏也？」

莊子在此，再次以其親身面臨生死的經歷，提醒學生胸襟要能豁達，要能提昇精神於無限的高空，再超然俯視萬般俗物。所以他稱，他是用天地做為棺木，用星辰做為裝飾，有了這種天然的厚葬，何必再講什麼人為的厚葬呢？這種天葬，雖然會被天上的飛鳥吃，但地下的埋葬，同樣會被地中的蟲蟻吃，不都一樣嗎？為什麼這麼看不開呢？

莊子到臨終，猶想以這種身教，提醒世人，凡事應該通達，甚至對生死都應看成平等，雖然並非常人所能及，但一代大哲的風範，的確仍深值欽佩與重視。

第三節　道教經典的生死觀

如上所述，因為老子強調「長生」、「養生」、「重生」，並且明顯「惡死」，與佛學輪迴觀不同，所以秦漢以降，就有道教經典，為求長生、強身、延壽，而借老子之名，形成民間宗教信仰與理論。

另外，莊子強調「神人」、「真人」、「至人」，原本是以象徵性的手法，描繪精神應超越提昇，才能不受外物所傷，但也同樣成為後來道教練丹、練氣、練功的根據。

今特根據中國道教史發展的順序，說明道教主要經典的特色，尤其是對生死的看法。

一、《太平經》

《太平經》，又稱《太平清領書》，在現存的明代正統《道藏》中，僅有五十七卷，原先傳有一百七十卷，堪稱中國道教最原始的經典，也是東漢末年黃巾起義與民間結合的主要經典。(6)《太平經》並非成於一人，也非成於一時，可稱集體與長期的著作。尤其就思想根源而論，主要是受老子道德經的影響，但又有陰陽五行與神仙家的痕跡，並具西漢京房易的色彩。所以，將道家的純學術，摻入了方術與災異之說，也形成了道教本身的特色。

《太平經》的主要思想，約可大分如後：(7)

(1)追求公平與正義：

所謂「太」，就是「大」，也有天的含義，「凡事大也，無復大於天者也」；為什麼取「大」意？即追求公平如天的意思。所謂「平」，代表「平等」，因為「平者，乃其言治太平均，凡事悉理，無復姦私也。」。所謂「經」，即「常道」。一言之蔽之，《太平經》即代表追求公平正義的常道；這也形成道教的一貫教誨，以及生死以之的教義。

(2)陰陽五行「災異」說：

《太平經》內很多內容，根據陰陽五行家的論點，強調災異與天人感應。此其所謂「天下之災異怪變萬類，皆天地陰陽之變革冷語也。」因爲人間太多不平，民間痛苦並且又無奈，所以只有用災異之說警惕王室，制衡強權，此其所謂「王者行道，天地喜悅，失道，天地爲災異。」其中民情可憫，也很可理解，唯已與純道家思想不同。

(3)因果報應「承負」說：

《太平經》因爲受佛教影響，所以也弘揚因果報應，稱之爲「承負經」，以此警世諫君。此其所謂「力行善反得惡者，是承負先人之過，流災於後人也。其行惡反得善者，是先人深有積富大功，來流及此人也。」在《太平經》看來，非但個人災異如此，眾人同受的災難、國家社會的兵災、疫災、天災，亦復如此，「皆承負厄也」。

此其所謂「中古以來，多失治之綱紀，遂相承負，後生者遂得其流災尤劇，實君民失計。」這種論點，對於人心的不平衡，多少能有紓解作用。而道士的功能，以祈福、避災、消厄、招魂等爲主，也就應運而生。

除此之外，《太平經》還列舉「元氣說」，「元氣恍惚自然，共凝成一，名爲天地」，既來自老子說，也發爲修身論；另外加上「守一」的修練方術，便形成融合針灸調脈、符咒療病、祝讖召神，以及陰宅占選等道教發展的特色。

二、《老子想爾註》

《老子想爾註》，全名《老子道德經想爾註》，與《太平經》同爲道教最原始的經典，亦爲張天師命信徒學習的普及本。

張天師首創「五斗米教」，設立二十四個教區，並建立各種教規，爲道教有宗教組織的起源。其名爲「五斗米」，原因有二：有稱奉道者，須出五斗米；也有稱因其崇拜五方星斗，而由此借名。

張天師名張陵，又稱張道陵，傳爲漢代張良之後；他創立五斗米道，又稱「天師道」，明白尊奉老子爲教主，奉爲「太上老君」，並以《道德經》爲基本經典；再加以註解後，便形成其普及本，即《老子想爾註》。其思想大要，可歸納如後：(8)

(1) 神化老子與道：

根據天師道，認爲「道者，天下萬物之本」，並說「一者，道也」，最重要的是這個「一」，「散形爲氣，聚氣爲太上老君」。這樣就把「大道」人格化，也把老子形成了人格神。如此把老子看成即「道」的化身，老子即成爲道教的教主，及其最高的神。

（2）弘揚「生道」：

《想爾註》中，強調道教與佛教的最大差異，就在道教「重生」，而佛教略不同，只以輪迴因果面對生死，並未特別強調重生。

「天師道」在此教義，明顯擷自老子重生、養生之說，含有人爲努力、延壽長生之意。其中甚至對《老子》廿五章所說「域中有四大」，將「王大」改稱「生命」，並將十六章「公能王，王能天」，同樣改「王」爲「生」，而註稱「生，道之別體也」，可見其重視生命、生存與長生之道。此其所謂「不知長生之道，身體尸行耳」，這就形成道教能抓緊人心需要，並在民間長久流傳的主因。

（3）鼓吹道術：

根據《想爾註》，若要長生，便應謹守老子的清靜無欲，不能貪圖功名，此其所謂「名與功，身之仇，功名就，身即滅，故道誡之。」另外，其中更強調呼吸吐納，以及形體修練的重要性，亦即鼓吹調整呼吸，以及「寶精勿費」，形成氣功養生的根源。

除此之外，《想爾註》也認爲，長生的道術，最根本仍在「有善行」；此其所謂「人當積善功，其精神與天道，設欲侵害者，天即救之。」因爲善行爲儒、道、釋三家共同相通的主張，所以這項特色，也形成後來三教逐漸合一，產生類似「一貫道」的原因。

三、《抱朴子》

《抱朴子》可稱爲道教哲學的主要基石，作者爲東晉葛洪（283-343 A.D.），其特色和貢獻，就是「把道家哲學宗教化，並且方術化，也就是把道家哲學中的一些理論，演化爲道教哲學中的長生方術，使哲學、宗教和方術三者緊密聯繫。」[9]

《抱朴子》的主要思想，則可扼要歸納如後：[10]

(1)行氣：

所謂行氣，又稱「服氣、吞氣」，號稱內可以養身、延年益壽，外可以卻惡、「禁虎豹及蛇蟒」；其要領形成了氣功基本動作，對生病及絕症者，傳有一定功效。

例如葛洪對「行氣」所提之要點，呼吸要細、長、慢。「初學行氣，鼻中引氣而閉之」，他並例舉，「以鴻毛著鼻口之上，吐氣而鴻毛不動爲侯也」。並且行氣時，主要目的在吐出體內濁氣，吸進外界清新之氣。此亦源自莊子所說「吐故納新」，實際上也正是古代的氣功。

此外，葛洪並以「胎息」爲呼吸中最高方法，亦即氣沉丹田，仿效胎兒先天呼吸法，以力行返本歸根之意。這種古代氣功，傳承至今，已有很多演進，北京即有郭林氣功，傳至台灣師範大學的袁時和教授，針對治病、養生與保健，更加發揚光大，很受各界重視。

（2）導引：

所謂導引，即「導氣」和「引體」，亦即結合運動和氣功的健身術，堪稱中國武術之祖，如聞名的八段錦、太極拳，均由此演進而來。

《導引圖》中，曾有四十多幅導引動作，有的是模仿熊、狼、鶴等動作；葛洪即以此爲養生健身術。比如，其效法龜與鶴之長壽，「故效其道，以增年」，他並舉吳普爲例，追隨名醫華陀，仿效五禽運動，以此導引，結果能活一百多歲。

因此，他特別強調「導引之道，務於祥和，俛仰安徐，屈伸有節。導引祕經，千有餘條，或以逆卻未生之眾病，或以攻治已結之篤疾，仍已有效，非空言也。」這對現代很少運動的文明病，以及很多絕症無法治癒者而言，仍具重要的啓發性。

（3）守一：

所謂「守」，就是集中和控制自己意念的修練方法，其理論來自老子「載營抱一，能無離乎」，以及莊子「純素之道，唯神是守，守而勿失，與神爲一」。《刻意篇》守一的功能，亦即莊子所說「目無所見，耳無所聞，心無所知，……，形乃長生。」

此所以葛洪強調「學仙之法，欲保恬愉澹泊，滌除嗜欲，內視反聽，居無心」，亦即將

「精、氣、神」這三寶，能透過守一而旺盛，不致任其煥散而衰亡。葛洪甚至認爲，「守一存真，乃能通神」，因而可以預防百病，甚至「鬼不敢近，刃不敢近」，語雖誇張，但對養身保健，確有其一定的啓發性。

第四節 道教命理數術

道教除了強調養生、修練、災異、氣功等「方術」，同時也吸收易經內容，開發了中國命理吉凶的「數術」。其根源既來自莊子宿命的特性，同時也來自易經的論命特性。

莊子在《大宗師》中說：「死生命也」，一語道盡對生死的命定看法，他並且進一步強調，無論窮達、貧富、毀譽，都是「命之行也」，更認定人的一生，無論名利、權位、是非，均冥冥中有定數。但重要的是，對於這些定數，如何探討其中內容？如何預知未來發展？這就需要再往上追溯到易經。

《易經》的學問，廣大悉備，而易經的內容，則以「象、數、義理」爲其大要，通常研究其哲學思想爲義理部分；然真正用於卜筮命理部分，則以「象數」爲主，並以「吉凶悔吝」爲指標。中國早在陰陽家即以此爲研究重點，道家本身以純學術爲主，雖不申論其「象數」部分，然而到了道教，既以養生保命爲重點，自然延伸出對命理的研究，以及如何趨吉避凶。這就形成中國道教的「數術」特性。

中國道教的術數也可說廣大悉備，宗派繁多，雖然流風所及，也有江湖術士招搖撞騙之輩，但也有經得起歷史考驗之人，其中有科學根據者，當首推「陳希夷、邵康節、徐子平」三人，形成中國歷史上有名的「紫微斗數、鐵板神數、四柱八字」。

縱觀道教數術對人生吉凶的判準，可用「一命、二運、三風水、四積陰德、五讀書」，這五項缺一不可，其中論「命」部分，則以上述三人最受肯定；論「運」部分，則以後天八卦之說最有影響。

今特歸納三人數術重點，扼要註明如後：

陳希夷，原名陳摶，自號「扶搖子」，取自莊子大鵬鳥「摶扶搖直上者九萬里」，以表其胸襟豁達。宋太宗賜號爲希夷先生，是五代到北宋著名的道士、道教思想家，與命理家。他創立了中國命理絕學「紫微斗數」，然其宗旨並非關心個人福禍，更在關心國家命運。其目的並非幫助主政者「不問蒼生，問鬼神」，而是提醒當政者，應善治天下、廣用人才、造福民衆。

此所以當五代之後，周皇帝柴榮召他詢問「飛升黃白之術」時，陳希夷立刻說：「陛下爲天子，當以治天下爲務，安用此爲？」(三)他就是希望，帝王不要只想個人如何長生成仙、如何煉丹煉金，而要想到如何善治天下，為國為民。

事實上，陳希夷本人很早就看破名位利祿，所以先在武當山隱居，後來欣聞宋太祖登基，認為天下可以太平，即隱居九華山，與隱士呂洞賓為友，正式出家當了道士（12），但對宋代王朝仍出謀甚多，可稱當時國師。九華山先因陳希夷出名，後又因傳說為地藏王化身的修道處，並供奉地藏王菩薩，而更為著名。

陳希夷的著作很多，根據《宋史》陳摶傳，稱其留有《指玄篇》八十一章，又有《三峰寓言》、《高陽集》、《鉤潭集》及詩六百餘首。他並曾刻無極圖於華山石壁，著有「太極圖」、「先天圖」流傳於世，且得麻衣道者《正易心法》，為之註解。《宋史》稱其為當時的「活神仙」，馮友蘭《中國哲學史》，並曾加以引述。今日最著名的傑作，即其「紫微斗數」。

紫微斗數因其認定紫微星為北斗第一星，亦象徵帝王星而命名；又因在中國命理數術中，其排列命盤的過程有一定的公式可循（如今且可用電腦列印），頗能符合科學中「可重覆」（repeatable）的特性，故具有一定的科學性。

扼要來說，紫微斗數以108顆星，排列在人生十二命宮中，進一步分析了莊子所說的人生各領域，如「生死、存亡、窮達、貧富、賢與不孝、毀譽」等。莊子稱為「命之行也」，他只指出結論，認為人生這些大事均有定數，然而，對於內容如何，卻存而未論，對於如何預知，更避而不談。陳夷希正是針對此等內容，詳細論斷每人各種大事，以及如何趨吉避凶。

根據陳夷希的紫微斗數，人生十二宮，包含最重要的「命宮」、「身宮」，以及相關的「父母宮」、「福德宮」、「田宅宮」、「官祿宮」、「奴僕宮」、「遷移宮」、「疾厄宮」、「財帛宮」、「子女宮」、「夫妻宮」和「兄弟宮」等，人生關心的各種領域，均已囊括存在內。然後，再根據每人生辰時間的天干地支，將一〇八顆星，分列其中，並根據客觀公式，排出各星的光度，以及重要程度，如同西洋星相學，由各星相的相互關係，分析該宮中的吉凶。

另外，在紫微斗數中，「四化星」落在何宮，也極爲重要，因其帶有加成作用，「化忌」：「化權」、「化科」、「化祿」落入何宮，均對該宮有重大影響。

陳希夷的貢獻，在完整的論述了中國星相學，透過其「太微賦」、「形性賦」、「星垣論」、「斗數準繩」、「斗數發微論」、「增補太微賦」、「諸星問答論」等內容，淋漓盡緻的申論人生各種命理吉凶，對於各人如何「認識自己」，具有重大參考，對於如何規劃生涯，完成自己潛能，更有一定的功能。

當然，若要精通紫微斗數，如同精通中國醫藥，除了知悉排列命盤的過程與方法外，更要有深厚的經驗，以及旁通統貫的能力，否則一知半解，仍會有陷入江湖術士或庸醫的危險。

在中國道教中，「醫卜星相」不分家，並緊密相連，所以在陳希夷的斗數中，十二宮也分別代長人體的十二部位。因此，人們同樣可在各宮吉凶中，預知人體特定部位的健康好壞，這對自我保健與預防絕症，更有一定的警示作用。

另外，就生死而言，從陳希夷的紫微斗數中，除了可以論斷流年大限，也可論斷小限，甚至可斷出某年、某月、某日、某時的吉凶，因而可以很精準的預知生死大關時辰。這就彌補了莊子只提到「死生命也」，卻未明講如何預知的缺憾。只是，這必須道行非常高深，且具備仁者心胸才行；對於籠統揣摩的江湖術士，自然不可輕信。

陳希夷的紫微斗數，在「一命二運」之中，主要功能均在論斷「命」的內容，至於如何趨吉避凶，如何扭轉命定，則有賴其對易經的研究心得，透過後天的「運」，轉變先天的「命」。就此而言，周易後天八卦中，用家庭八成員，代表八種方位，便極具重要性，今特扼要用現代語言分述如後：

乾爲西北，爲父　　坎爲正北，爲二子

坤爲西南，爲母　　艮爲東北，爲三子

震爲正東，爲長子　　離爲正南，爲二女

巽爲東南，爲長女　　兌爲正西，爲三女

根據這種卦「象」，「乾」的方位最重要。因此，根據《易經》上述方位，在家庭住宅中，其西北位應做主臥室，不可做客房，否則其「象」代表主人位空，婚姻聚少離多，因爲主人經常不在，成爲客人，這就會出問題。另外，金錢也可能如客人，坐坐就走，形成「有財無庫」。除此之外，主人位的西北角，也不宜做廁所，否則象徵易生悶氣，家有鬱悶。尤其切忌成爲廚房，因其象徵爲血光，很容易變成凶宅，對主人更爲大凶。

就此而論，若在紫微命盤之中，原先命定有離婚或凶險的現象，其住宅的主臥室，多數均會用作客廳或廚房，所以應遷居爲吉，另尋主臥室在西北的住宅，即可以用「運」轉「命」。

另外，因爲正東方爲長子位（俗稱東宮太子），東南爲長女位，所以若渴求生兒、或生女者，則應在東方或東南方，分別有空房以待之，而千萬不能成爲客廳或廚房，否則均容易落空。

根據《易經》八卦方位，現代廚房，既生火燜煮，又有血刀切燒，所以應避開家中成員所在方位。例如：若家中無二子，便可放在二子位（正北）；若無三女，則可放其正西位。否則，放在家中有成員的方位，即會傷身害命，不可不愼。

另外，應該注意的是，根據《易經》，家中成員也應各正性命，所以子女不可逆位，不可住到「西北」或「西南」，否則便成爲一家之主，父母難以教育，子女也難擔當。適婚女子若住西北或西南，在卦「象」中因已成父母，所以，反而不易成婚，便應遷位爲佳。

反過來說，如果適婚女子移到「東南」巽卦位，亦即爲長女位，卦「象」爲待嫁位，追求者就會增多，便很容易成婚。凡此種種，均爲易理在八卦上的妙用。

總之，陳希夷除了在紫微斗數論「命」，也用易經八卦論「運」；對於如何趨吉避凶、出死入生，均有一定經驗統計的心得，至今仍然深具啓發性。

綜觀道家數術之中，除了陳希夷的紫微斗「數」，有其重要的代表性外，其再傳弟子宋朝邵雍所著的「鐵板神數」，堪稱中國數術史的另一重要作品。

邵雍，號康節，其中心思想傾向新儒家，然因其關心性命與命理之學，所以苦心研究多年，完成《鐵板神數》，更近道家數術之學，所以同樣搜入《道藏》之中。

邵康節的鐵板神數，最令人驚異者，在其對六親論斷極爲精確。在人海茫茫之中，對形形色色每人家庭中的父母、配偶、兄弟、姐妹、兒女，竟能完全算出生肖或年齡，誠爲不可思議。

此等數術所以稱爲「鐵板神數」，是根據每人生辰，以一定的數理公式，在算盤上打出一數，然後根據此數，翻閱眼前廿本中的某冊某條。例如，若得「一二五八」，即翻閱第十二冊中第五十八條；若其條內容稱「父大三十歲」，不合實情者，即代表並非此分鐘出生。然後，再以另一分鐘爲準，重打一次，再打出一數，直到該數所得條文內容，完全吻合實情，便以該分鐘爲出生時間。神奇的是，只要一條正確，其餘完全都會正確，然後由此分鐘，即可推論整個一生大運內容。

因而，根據此術，經常可推算確實出生時間，甚至可以矯正原先所記的錯誤時間。因其論命是以「分鐘」爲單位，比起紫微斗數以「時辰」爲單位，結論更爲精細，比起西洋星相學以每月爲單位，或生肖以每年爲單位，自然更爲確準。

所以，此術推論內容，經常能算出，命中貴人何姓、何歲，或小人何姓、何歲，對於未婚者也可預判對象何姓、何歲或何年成婚。此數除了推算大運，也可每年推算小運，唯一缺憾是因均以古詩表達，有時未免籠統。

此數在道教的傳統，歷代傳承均未中斷，當代以香港董慕節最有名；其名爲「慕節」，即仰「慕」邵康「節」之意。然而港台兩地，仍多冒名僞稱的術士，同樣不可不慎。

道教數術中，除了陳希夷的紫微斗數，邵康節的鐵板神數，影響深遠的，即爲五代的徐子平。他著有《子平真論》，將生辰化爲八字，列出四柱，所以俗稱「八字」，又稱「子平」。

子平數術特色有三：一是以「五行」生剋，二是以「六神」生剋，三是以「用神」爲樞紐。

其中所謂「五行生剋」，源自陰陽家的五行說，融入道教作用，以「金生水、水生木、木生火、火生土、土生金」爲五行相生，再以「金剋木、木剋土、土剋水、水剋火、火剋金」爲五行相剋。每五行要素又因生月，而影響生剋的程度不同。

另外，所謂「六神生剋」，六神是指「剋我、我剋、生我、我生、同類、自身」；生剋之道可以歸納如後：

（1）剋我者爲「官」，又分「正官」（陽剋陰，陰剋陽者），以及「偏官」（陽剋陽，陰剋陰者）

（2）生我者爲「印綬」，又分「正印」（陽生陰，陰生陽者），以及「偏印」（陽生陽，陰生陰者）

（3）我剋者爲「財」，又分「正財」（陽剋陰，陰剋陽者），以及「偏財」（陽剋陽，陰剋陰者）

（4）我生者爲「食神傷害」，簡稱「食傷」，又分「食神」（陽生陽，陰生陰者），以及「傷官」（陽生陰，陰生陽者）

（5）同類爲「比肩劫才」，簡稱「比肩」，又分「比肩」（陽見陽，陰見陰者），以及「劫才」（陽見陰，陰見陽者）

（6）上述五種，併同「自身」，即爲六神，以六神配六親，源自京房易，所以特重卦氣。

另外，所謂「用神」，根據《子平用論》所說，「八字用神，專求月令」，也就是專以月令爲主；然後，「以日干配月令地支，而生剋不同，格局分焉」。也就是說，先要察月令，分出格局後，才可以定用神，先要辨其體，方可言其用。

中國當代哲學界前輩牟宗三生前曾向筆者談到，八字中以「用神」最重要，也最爲困難；他也曾向筆者提及「氣數」之說，並推崇勞思光教授對八字「數術」的功力。勞思光曾在台灣清華大學提倡研究「中國數術史」，有其一定的學術意義與經世致用的功能。今後如何去蕪存菁，去除迷信臆測部分，保留科學統計可以印證的部分，仍應爲學界的重要責任。

第五節　道教民間信仰

綜觀道教，除上述數術的命理研究外，中國道教經典中，對「神仙」的敘述也很多。因爲，修道成仙，乃是道教終生追求的終極目標（13）；若能經過長期修煉而成神仙，便意味與「大道」融合爲一。

只是，道教的民間信仰，並非單一神教，雖然同爲人格神，但卻爲多神教。整體而言，民間熟悉的神計分三種：上如太上老君、玉皇大帝、紫微大帝、真武大帝、文昌帝君、護法神將、南極仙翁、太歲、王母娘娘、太白金君、洞天仙人等；中如由人成神的黃帝、關公、岳飛、呂洞賓、媽祖等；另有保生大帝、三太子神、鍾魁、城隍、灶君、門神等，建構出一個下界可以直通上界、「超越」但非「超絕」的天人世界。這與基督教「神」、「人」二分的超絕世界，可說截然不同。但爲中國民間的心靈寄託、趨吉避凶、趨生避死，提供了重要的貢獻。

尤其，因爲道教發展，在過程中趨向儒道釋「三教合一」，所以在民間信仰中經常可見，孔子與老子同桌受供，道教神仙與佛教菩薩也同廟受拜，更多「神佛」併稱同台的民間廟宇，形成世界宗教界很少見的特殊文化。這反映出民間祈福、避災、求生的普遍心情，更反映出中華文化的廣闊性與包容性。

今特以華人地區普遍受到推崇的關公與媽祖爲例證，證明道教在民間信仰的重要性。

首先看關公廟，不但在海峽兩岸均受廣大信仰，堪稱也擁有全中國最多的廟宇與信徒。根據可靠資料，北京各種廟宇中，以關帝廟最多，從明清起到民國，興盛期達一百一十六座之多，佔北京城內所有廟宇十分之一，爲全京城之冠。（14）

關帝廟受推崇，主要從宋朝開始。宋初太祖對道教很崇奉，承繼唐代佛道並重的政策，經常召見道士，如對陳希夷，即經常交往。他並積極修建道觀，搜訪道書，到宋徽宗更崇拜萬分，編修道藏，使道教成爲當時國教。這種環境，均增進了全國大蓋道教廟宇、崇拜神明的條件與氣氛。

所以長期以來，關帝廟可稱道教民間信仰中第一多的廟，關公也成爲道教信仰中的第一神。

究其原因，首先當然因爲關公本身忠義，氣節感人，如同湖北當陽關陵所稱「漢朝忠義無雙士，千古英雄第一人」（15）。另外，也因歷代帝王均稱讚其德行：如宋哲宗首封其爲「顯烈王」，宋徽宗封其爲「義勇武安王」；元代加封爲「顯靈義勇武安英濟王」；到明代，更開始稱帝；明神州加封爲「協天護國忠義帝」、「三界伏魔大帝」、「神威遠鎮天尊關聖帝君」。

這種情形到清代則更甚，如清順帝對其封號長達廿六字，即「忠義神武靈佑仁勇威顯護國保民精誠綏靖翊贊宣德關聖大帝」，此時關公已由「王」升爲「帝」，更進而稱「大帝」，因此超過了人間歷代帝王。因爲中國歷史上《廿四史》中，還沒有那一個皇帝自稱大帝。(16)

事實上，關帝廟之顯赫，除了因爲歷代帝王推崇外，還因爲成爲儒道釋三家共同供奉的神明；例如，宋代之後，各佛教寺廟也爭相將關公列爲該寺「護法神」(17)，像著名的杭州靈隱寺中，就有關公神像；山西交城山萬卦山著名的天寧寺中，大雄寶殿旁，一邊關帝廟、一邊爲觀音廟，意味可以平起平坐；北京最著名的喇嘛廟雍和宮，也同樣供奉宏偉的關帝殿。

另外，明清兩代，關公還被稱爲「武王」、「武聖人」，與孔子「文王」、「文聖人」，也成平起平坐，代表同樣受儒家尊重。例如在台灣日月潭，關公即與孔子，在廟中並稱武聖人與文聖人，而並列受拜。

正因中國道教傳統中，對關帝廟極爲推崇，所以當中原文化移民台灣，相關民間信仰對關帝廟的香火也極興盛。例如台北市最大的廟宇行天宮，即崇拜關公，尊稱「恩主公」，其兩側還並列「聖太子」與「周恩師」，另供有「呂洞賓」。事實上，關公爲後漢人，呂洞賓爲北宋人，卻能同列受拜，充分證明中華文化的包容，以及同屬道教系統的神明。

除此之外，福建湄洲出生的默娘，得道後被稱爲媽祖，同樣爲兩岸共同奉拜的神明。相傳明朝鄭和下南洋，出海前即對媽祖廟拜祭，以求平安。因其顯靈事跡傳聞甚早，歷次大臣出海，亦必遵循此風，以求海上保佑平安，久而久之，即成風氣。

在台灣，事實上，早從宋代開始，在媽祖昇天後，民眾即曾感念建廟。南宋時，除湄洲島外，福建、廣東、臨安、蘇州、江淮、福州、泉州等地均有媽祖廟（18）。元明兩代更多，到清朝再擴而充之，並已延伸到台灣。如澎湖天后宮、安平天后宮、鹿耳門天后宮、北港新港媽祖廟、大甲鎮瀾宮、淡水關渡廟等，均爲歷史悠久的廟宇，代表媽祖爲兩岸民眾共同祈求平安的重要神明。

媽祖生平的內容，從宋代以來即有很多神跡傳聞。當時最普遍的，即傳其爲「龍女」，因其居海邊，深諳水性，浮舟於狂風巨浪之中，有如龍的敏捷，所以李丑父廟記稱，媽祖出生時，「湄洲之土皆紫色，咸曰：必出異人」；到了元朝，更將媽祖與莊子所說「姑射山」的「神人」相提並論，奠定了其在道家中的崇高身份。

莊子《逍遙遊》曾說：「藐姑射之山，有神人居焉，肌膚若冰雪，淖約如處子，不食五穀，吸風飲露，乘雲氣，御飛龍，而遊乎四海之外。」媽祖信徒深信，這等功夫，即媽祖化身，並爲南海觀音的化身。

媽祖約在世間三十年，當其仙逝時，《天妃顯聖錄》上稱：

「（媽祖）上湄峰最高處，但見濃雲棋岫中，白氣亙天，恍聞空中絲管聲韻宮徵，直徹鈞天之奏，乘風翼靄，油油然翱翔於蒼旻皎白間。」

然而，媽祖的顯聖，還不在於仙逝時冉冉上升的上述自然奇景，主要還在其各種救人神蹟，形成民間信仰其能解厄消災的主因。

根據文獻顯示，媽祖顯靈、救人、救國的事蹟，在宋朝，包括了江口退海寇、在莆田除病疫，以及經常救災救人，幫助官兵反風免難，總共有十一次十四件事蹟。（19）

到元朝之後，媽祖神蹟前後五次，均以護海爲主，因而成爲萬民崇拜的「航海守護神」。明清兩代則追封甚多，代表信徒更廣、影響更深。

例如，明朝太宗永樂七年封其爲「天妃」，號「護國祐民妙靈昭應弘仁普濟天妃」，這個尊號使用長達二百二十餘年，成爲民間共同尊稱的共識（20）；到了崇禎，更封爲「天仙聖母青靈普化碧霞元君」，均可以看出當時民眾的尊崇。

根據連橫所著《台灣通史》，其中曾記載清朝康熙十九年，閩浙總督姚啓聖曾因媽祖顯靈，而上奏「蕩平海島，神祐靈異，請賜崇封」，封爲「天上聖母」，全稱爲「護國庇民妙靈昭應弘仁普濟天后之神」，並賜台灣府治大天妃宮御匾，上書「輝煌海澨」。（21）

康熙之後，清朝對媽祖的加封尊號更多，凡十三次；到了同治十一年，成爲六十二字，成爲對各神明封號最長者，此即「護國祐民妙靈昭應弘仁普濟福佑群生誠感咸孚顯神贊順垂慈篤祜安瀾利運澤清海宇恬波宣惠導流衍慶靖洋錫祉恩周德溥衛漕保泰振武綏疆嘉佑天后之神」！

在上述德澤中，最重要的，即爲「護國祐民」、「弘仁普濟」、「福祐衆生」、「安瀾利運」、「澤清海宇」、「恬波宣惠」、「導流衍慶」、「靖洋錫祉」，乃至於「衛漕保泰」、「振武綏疆」，前段稱頌其全國性與全面性的護祐國家與衆生，後段則以大量詞彙形容其在海上的衛國衛民，並輔以「妙靈昭應」，顯示其神蹟，很完整的說明了其在民間心中的聲威，也充分顯示從道教信仰推廣其保佑民心的作用。

另如福德正神，則爲各地土地公或城隍廟，也深受歷代帝王重視，加以冊封，以助安定人心；到現代且受工商企業重視，成爲保護平安的神明。

凡此種種，充分證明：道教在民間信仰的根源甚爲久遠，對於人心面對生死、災難等恐懼，具有一定的安撫解厄作用。這正如同西方宗教，有其安定民心的功能；因爲宗教無高低，信仰也無貴賤，借用黑格爾名言來說，「凡存在者必合理」，宗教信仰亦復如此。道教能在中國民間信仰擁有如此久遠傳統與廣大信衆，絕不可輕率的視爲迷信，而應更加從正面研究其深遠的貢獻與重大的功能。

【註釋】

(1)老子第五十章一道生之，《老子讀本》（台北：三民書局），頁101。

(2)莊子，齊物論，《莊子讀本》（台北：三民書局）。

(3)莊子，逍遙論，《莊子讀本》。

(4)莊子，齊物論，《莊子讀本》，頁23。

(5)莊子，列禦冠，《莊子讀本》，頁445。

(6)劉精誠：《中國道教史》（台北：多津出版社，1998年二版），頁31。

(7)同上，頁36-38。

(8)同上，頁55-59。

(9)同上，頁105。

(10)同上，頁110-113。

(11)同上，頁197。

(12)同上，頁222。

(13)《中國神明史》，頁31。

⒁同上，頁227。

⒂同上，頁245。

⒃同上，頁248。

⒄同上。

⒅同上，頁98。

⒆同上，頁58。

⒇同上。

(21)同上，頁90。

第七章 佛家的生死觀

第一節 人的來源與歸宿

「人從哪裡來，人往何處去」，是生死學中根本的問題，根據《地藏經》的說法：人從中陰而來，往中陰而去。

根據《地藏經》「利益存亡品」所說，命終之後，如果在生時未修功德，就會有「無常大鬼，不期而到」，其遊魂在七七之內，不知罪福，此其所謂「冥冥遊神，未知罪福，七七之內，如癡如聾」。其功過如何，還有待辯論審定；如果未能得到家屬骨肉造福渡亡，就很可能由中陰身墮入地獄。

所以《地藏經》中說：「或在諸司，辯論業果，審定之後，據業受生，未測之間，千萬愁苦，何況墮於諸惡趣等。」

「是命終人，未得受生，在七七日內，念念之間，望諸骨肉眷屬與造福功德，過足日後，隨業受福，若是罪人，動經千百藏中，無解脫日。」

《地藏經》傳往西藏，便成為《西藏度亡經》（The Tibetan Book of the Dead），根據《西藏生死經》的註解，意思是「在中陰階段透過聽聞教法而得大解脫。」[1]

根據《西藏度亡經》所說，所謂的中陰階段，實際有三個階段：第一個階段是死亡之後，從身體離開到成為隔離靈魂之間的瞬間，中陰即「臨終中陰」（死亡時間的中陰）；第二個階段是，死後經過三、四天開始的中陰，即「實相中陰」（心之本體中陰）；第三個階段，也就是從第廿二天開始，準備要去投生的「投生中陰」（再生之中陰）。

此種過程，正如星雲大師所說，「中陰身」，也就是我們下一期再投生前的身體，稱為「中陰身」。他並形容：「中陰身」為「六把鼎足，狀如三尺小兒，具有神通，能夠穿越銅牆鐵壁，來去迅速，無所障礙。唯有母親的子宮與佛陀的金剛經不能穿越。」(2)

有關「中陰身」的存在空間，星雲也特別強調：「中陰身」有生死的現象，七日為期，死而後生，長壽者不過七七四十九天，短壽者僅僅二七日或三七日，便去轉生輪迴。

《西藏生死經》中，更將中陰身階段細分為四：(3)一為此生的「自然中陰」；二為臨終的「痛苦中陰」；三為中性的「光明中陰」；四為受生的「業力中陰」，其實均能相通。

因此，根據《地藏經》、《西藏度亡經》與《西藏度亡經》的共同看法，「人從哪裡來，人往何處去」，最接近的答案就是：人從中陰來，往中陰去。

若從基督教論，人從上帝而來，往上帝而去。但現在西方長期所接受的永生觀念，面臨「新紀元」運動，面對生死來源，針對佛經的度亡觀念，也開始有新的反省。最早開始的新探討，最著名的心理學家則是容格（Jung），他說：

「《西藏度亡經》（又稱《中陰得度》）這本書，不僅吸引大乘佛教專家的注意，其合乎人性的教義，以及對於靈魂的奧妙，提出了深刻的省察，對於追求人生智慧的一般讀者，也有強烈的震撼力。」(4)

在容格《東方冥想的心理學》一書中，他特別提及《西藏度亡經》的心理學，對其影響既深且遠：「這本書出版以來，始終是我長年不變的伴侶，這本書不但給我很多的刺激和知識，也教給我很多根本性的東西。」

例如，依佛洛依德的「伊底帕斯情結」理論（Odepus Complex），無法解釋在靈魂投胎成人之前的心理狀態，因爲佛洛依德的理論，只能解釋靈魂在成爲人之後的心理。但《西藏度亡經》則可以補充佛洛依德理論的不足，並超過佛洛依德的學說主張。所以容格評論：

「佛洛依德的精神分析，基本上並未超越投生中陰領域的各種經驗，佛洛依德對於靈魂的看法是典型西方的，只不過是比其他人表達的更爲坦白、直率而不留情面」。

因此佛洛伊德認爲，很多文化的成果，都只是性慾的昇華，固然有其論點，但難免以偏概全，尤其對人在出生前的心靈，完全未能說明，因此容格才說：

「如果我們得著西方的新經驗科學之助，理解一些投生中陰的心理學特性，那麼我們的下一個課題，就應該思考我們投生之前的中陰階段。」

在柏拉圖的《斐都》篇（Phados）裡，曾提及蘇格拉底有類似「輪迴」的觀點：他認爲，我們的靈魂是否如多數人所講的，一離開肉體，就立刻飄落衰亡，這是不可能的。所以，柏拉圖哲學認爲，靈魂是不滅的。他說：

「靈魂不會偷走任何一件肉體之物，因爲靈魂一生裡面，並不主動與肉體協同，而是避開肉體，一直集中在自身之上，並且練習不停，此乃眞正的哲學化，其眞意在於練習「坦然就死」，或者也可以稱爲死亡的練習。」(5)

換言之，這是蘇格拉底和柏拉圖開明、樂觀的死亡哲學。因爲在柏拉圖看來，在現實界之上還有一個理型界，那才是一個實在的世界，所以他認爲，人面對死亡，絲毫不必害怕。

重要的是，西方的文化演變，在中世紀接受了基督教的文明發展之後，沒有再持續深入的開展柏拉圖的理型論；所以在廿世紀的懷海德（A. N. Whitehead）才說：「只有柏拉圖，才是一個最完整的哲學架構」，除了探討現實世界，另外也同時預設了一個真實實相的理型界。

因此他說：「西方兩千年的哲學發展，都是柏拉圖的註腳。」

所以當蘇格拉底在面對別人的詆毀時，仍能侃侃而談：「到底是你們現在所處的世界美好呢？還是我將要前往的世界美好呢？你們很難分別。」蘇格拉底因此絲毫不怕死。從生死學的角度來看，這是因爲蘇格拉底相信，另外還有一個永恆的世界。正如西藏人、佛教徒並不怕死。因爲他們相信，死是重新回到來的地方——從中陰而來，往中陰而去。從前世的業而來，往來世的業而去。

只不過，佛教相信在中陰的階段，仍可以藉由誦經助唸，做些改變。

換言之，佛教一方面肯定靈魂不滅，但另一方面與西方不同的是，佛教相信靈魂是可以轉型的，它的歸宿，根據他在這輩子的功過善惡來決定，不是等待最後的審判，而是根據六道輪迴來轉變。因此，佛教的另一特色，即是人可以在過世的七七四十九天之內，透過助唸，來獲得輔助轉世。

在《地藏經》中，專門有第八章，叫「閻羅王眾讚嘆品」，代表地獄內閻羅王與眾鬼，承佛及地藏王神力而禮佛，很有啓發性。

閻羅王在此文中問佛陀，親眼看地藏王不辭厭倦，想度罪惡眾生，但眾生卻經常不「依此善道，永致解脫」，爲何會如此，請佛解說。

佛陀即告以，比如有人迷失，誤入險道中，多諸夜叉猛獸，「須臾之間，即遭諸毒」。若逢有善知識的人勸解，迷路人「忽聞是語，方知險道，即便退步，求出此路」；但若再路過，「猶尚迷誤，不覺舊曾所落險道，或致失命，即墮惡趣」，那就「永處地獄，無解脫時」。

由此可知，佛教深深勸戒世人，要時時刻刻警惕，千萬不能再犯舊錯，否則很難超度。這正如同孟子所說，若求放心，要走正道，必須經常警惕，否則會被貪欲「旦旦而伐之」，便永遠會走入邪途，無法再超昇。

因此，在大乘佛教來看，常人如果只靠本身努力，很難進入安樂的身後世界。所以，佛教強調誦經超渡的重要性。根據地藏經的說法，在誦經七分神力之中，亡者能夠得到一，而持誦的人可以得到六。因此，星雲大師主張：「應該趁身強體壯的時候，儲備此一功能，不要等到往生，才勞駕別人爲我們誦經超渡，功能畢竟有限。」換句話說，根據佛教，生前誦經功德更大，平日即應累積功德，若有不及，一旦往生，也有助到極樂世界，免於在生死海中沈溺。

此外，星雲大師也曾比喻：「一塊大石頭放在水中，很快就沉陷下去，如果放在船上，可以安然地運載至彼岸。眾生頑強如磐石，如罪孽之身，唯有誠信功德，以慈航普渡，才能免於生死大海中沉溺。」(6)

從佛經這些教義，可見佛教認爲，眾生可以透過善知識，以誦經補強功德，進而在往生時安然怡然。這些對安定人心均極有教化功能，對改進社會風俗也有重大作用。

《西藏度亡經》，就是對往生者的助唸，引導他往生、投胎，在七七四十九天之內，每一天所唸的經文。

簡單的說，本書內容「除了對『人死後往何處去』的大問題提出了解答，也同時消除了『人從何處來』的疑慮，在這裡，人的生命猶如太陽一般，西沉之後，仍會再度升起。是連續、循環的運動。」(7)因而廣受中外好評。

第二節 人的定位

在《地藏經》的第十三篇「囑累人天品」中，佛陀特別面囑地藏，要能以其神力對一切眾生，方便救援；此即偈言：「現在未來天人眾，吾今慇勤囑汝；以大神通方便度，勿令墮在諸惡趣。」

換句話說，人的定位，除了本身功德，也要靠佛的神通，特別是地藏王，受佛之托，要將人的趨向，儘量向上提昇，返入上天，而不能墮入惡道。這就是佛教的特色。

根據佛學看法，「人是五趣之一」，「趣」就是「趨」勢。換言之，佛教相信，人是五種類別之一，人有五種類別，六道輪迴，人的定位就在這裡。

在佛教看來，五種類別，最底層是「地獄」，其次是「惡鬼」、「畜牲」、「人」在其中、其上爲「天」，而阿修羅則流竄在天道與地獄等五道之間，形成六道輪迴。阿修羅與中陰身相近，都是飄泊未定型的靈魂，所以根據《地藏經》，需要靠助唸來引導超渡。

另外，佛法相信中有六法界，從六法界再到十法界，即四聖與六凡，這十法界就成爲華嚴經的十法界，「六凡」就是六道輪迴，都還是在輪迴之中翻轉。所以，最好的終極歸宿，就是要超凡入聖，超越六道凡界，進入聖界。

聖界中，最高的是大乘佛教的佛；其次是菩薩；然後是小乘佛教的緣覺；再其次是聲聞。這四聖界與六道輪迴就是「十法界」，人的定位就是在凡界中之一。不信佛法的人，或是任由自己慾念推動的人，就是在六道輪迴中，轉不出來的靈魂，因此才會落入地獄或惡鬼道。

此所以宣化上人在說明《地藏經》時，曾經提醒眾生要早日超脫輪迴，並且要能警惕，即使豬、羊也可能是從以往的人類轉世，不能掉以輕心。

「有等迷人不安康，對神期許賽豬羊，殺生冤業前生事，如何雪上又加霜，休勿認定是豬羊，改頭換面幾千場，如來輪轉相還報，雲海騰空無處藏。」

研究生死學的先進傅偉勳、董玉華曾以著名的蘿絲教授為例，指出她在研究生死病人多年後，她也從傳統的基督教信仰未來，轉到輪迴轉世的看法。他說：

「有趣的是，以死亡與死亡過程（On Death and Dying）這本處女作一夜成名，且發動美國死亡學的學者蘿絲（E. Ross）醫師，已從傳統基督教的死後生命信仰脫出，轉向輪迴轉世的說法。二十年來到世界各地宣講之時，總要提及輪迴轉世，認為是不可否認的事實。」(8)另外，傅偉動也提到默斐（H. Murphet）另一本暢銷作《超越死亡》，其最後一章便以《西藏度亡經》的討論作為結束。蘿絲教授曾經特別稱讚本書，紐約時報並曾特別刊登蘿絲教授改信輪迴轉世的文章。(9)

另外，佛經中還有一個「須彌山」的觀念，認為人們所住的世界，是一個有形的山丘，最頂層所住的就是天人，底層就是地獄。整個娑婆世界就是以須彌山爲中心，以須彌山爲中心的世界，還有四個小世界，一千個小世界叫做中千世界，一千個中千世界叫做大千世界，這個大千世界又稱作娑婆世界。從現代新的物理學來看，這個娑婆世界，含有無窮像地球一般的星球，也有無窮的太陽系。

而人的地位，就在須彌山的中心。但人的歸去，則是以自己的功德善惡表現，來決定其今後的去向，看其是否進入「極樂世界」。

根據佛經教義，極樂世界是人生所追求的終極目的，也是最幸福的國土。星雲大師稱爲「身心永恆的歸宿」，可稱身心永久之故鄉。他說：

「極樂解脫了我們安樂的世界，與身心安住的家園，清淨佛國與我們家庭的依靠，及身心永恆之歸宿。」（10）

當然，人生若要趨向極樂世界，需要各種修行：此即星雲所稱「極樂世界的往生，需要靠現世人生的千錘百鍊，百般修行，才能達到不生不滅的境地。」

因此，重要的是，如何淨化人們的現世生活，如何根治身心的沉淪，提升身心的淨化？

根據佛經：「往者所造諸惡業，皆由無始貪嗔癡」。所以，「如何淨化」身心，將人的定位提升到天道，甚至超越輪迴，進入極樂世界，便是重要的精神所在。

星雲大師首用通俗講法，說明「身心淨化」的作法，很具有效性與實用性。首先他談到，身心淨化的作法，譬如「念佛、看經、作禪」等都是好方法，但其中以「念佛」最爲方便實在，也是最爲直接的途徑，値得有心人士共同參考。

所謂念佛，就是念「阿彌陀佛」，用中國的語言說明，即如星雲大師所說，是「無量爲，無量光」的意思。「無量光」係置阿彌陀佛在空間之上，如同烈日普照，無遠弗屆，光芒四射恆常不變，度化眾生的意思。也是綿延不絕，所度之眾生更是無涯無際。「無量爲」則代表阿彌陀佛在時間上，生命亙古常新，不生不滅。宇宙萬物唯一超越時空侷限的「阿彌陀佛」，就是眞理本身。

另外，星雲大師也曾介紹念佛的幾種法門，對信佛及有興趣的人士均極具啓發作用：

(一) 三到：口到、耳到、心到。

亦即不僅要講情理，耳聽明白，更要了然於心。

(二) 三要：信心、預力、行標。

亦即以此三種爲往生淨土的三要門，首先要對此有信心，然後要發現往生，切實修持力行。

(三) 三聲：大聲、小聲、心聲。

亦即口出大聲，朗朗誦念。或平時輕聲誦念。我隨時默念於心，念念不離心。

(四) 三學：身禪、口念、意想。

亦即身體起伏膜拜，頂禮彌陀，心中清晰誦念聖號，意念觀想佛陀意涵，三業必用。

(五) 三法：持名、觀想、實相。

亦即保持佛名，默想佛陀光明，及用正念去妄念，然後共同泯除一切意念，成為實相。

(六) 三時：平時、忙時、亡時。

亦即平時隨時，忙碌之時，以及臨終之時，念茲在茲，隨念往生。

(七) 三利：利己、利人、利國。

亦即除本身念佛有成，還能念佛勸人，進而為國造福。

第三節 臨終者應做的往生方法

佛經對生死的看法，最中心的經典，即是地藏王菩薩本願經。

地藏王何以稱做「地藏」？宣化上人在此說得很中肯：

因為「地能生長萬物，藏是寶藏，一切的寶藏都在地裡邊。這個藏，也可以說是藏起來。」

因為「這一位菩薩，就像大地一樣，能生長一切萬物，誰要是相信這一位菩薩，就可以得到其中之寶藏。」

另外，這個「地」的意義，也有十種：一是「廣大」；二是「眾生依」；三是「地無好惡」；四是「受大雨」；五是「生草木」；六是「種所依倚」；七是「生眾寶」；八是「產諸藥」；九是「風吹不動」；十是「獅子吼不驚」。

誠如宣化上人所說，因爲具有上述種種美德，所以這位菩薩叫「地藏」。(11)所以，臨終者本人或家庭，均應及早誦念地藏王內容，才能完整瞭解生後「世界與心理準備」。因此，根據《地藏經》「地神護法品」，頂禮供奉地藏菩薩的家庭，其地可得「十利益」，值得參考：一是「土地豐壤」；二是「家寶永安」；三是「興亡生天」；四是「現存益壽」；五是「所求遂急」；六是「無小火災」；七是「虛耗辟除」；八是「杜絕惡夢」；九是「出入神護」；十是「多遇聖因」。(12)

根據《西藏度亡經》，臨終者本身應有正確態度，此種態度在《西藏生死書》中，稱爲「整個佛教對於臨終那一刻的態度」，的確非常中肯：

「現在臨終中陰已經降臨在我身上，我將放棄一切攀緣、欲望和執著，毫不散亂地進入教法的清晰覺察中，並把我的意識射入本覺的虛空中，當我離開這個血肉和合的軀體時，我將知道它是短暫的幻影。」(13)

換言之，臨終者在臨終那一剎那，應自我認清，原先血肉之軀，只是短暫幻影。

然而，如果臨終者自己無法做到時，怎麼辦？其家屬便應有責任完成後列幾項，才有助其向極樂世界往生：

1、當臨終病人情況仍清醒時，應儘早啓發他，讓他願意唸佛號。因爲唸佛號，可以使心情安寧，這是西方醫療心理學所沒有的重點。在佛教來講，鼓勵病人自己多唸佛號，最能靜化身心，最有功德作用。

2、如果臨終病人不願意唸佛，或很痛苦的掙扎，那麼旁邊的家屬要爲他唸，在心理唸或低聲的唸。在這裡，與基督教有一個不同的特點：根據基督教的觀念，病人痛苦時的掙扎，是上帝對他的考驗。若病人受苦時，仍能堅信上帝，才是真正的信徒。但佛教的看法，則認爲因爲前世或今世做了很多別人所不知的過錯，所以現在是在還債。若是這輩子都在爲善，但現在仍受苦，那代表能在預先爲後世付出痛苦代價，也可造福後代，免除他們受苦。所以弘一大師曾說：「若病重時，痛苦甚劇者，切勿驚惶。因『此病苦乃宿世業障』，或亦是轉未來『三途惡道』之苦，於今生輕受，以速了償也。」

3、眷屬要爲病人廣造福田，依《地藏經》的講法，就是要多爲病人佈施、施捨，而且要明確告訴病人，是爲病人做功德。

4、病人若在醫院，經研判爲最後危險期間，儘可能帶回家或其他安靜的場所，大聲唸佛，以幫助病人的靈魂不要太痛苦。

5、在病中，要詢問病人是否有要交代的事，交代完後，就勸病人不要再執著、留戀，勸病人應把萬緣放下，把一切好緣、壞緣都放下，並且一心一意唸佛。

6、親屬要在病人旁邊唸佛號，而且一定要最親的人誦唸，才更加有效。

7、家人與眷屬們，千萬不要與病人不捨揮淚，以免病人產生眷戀，反而更加痛苦。應勸病人安心，不斷唸佛往生。

8、病人若要求飲食，應以素食爲主。

9、病人所討厭的人，千萬別讓他（她）們出現，以免病人因爲生氣，又墮入惡道，擾亂往生途中的順行。

10、要告訴病人，除了看到阿彌陀佛或西方三聖放光來接引，可以跟隨往生以外，若看到其他景象，都不要理會。因爲根據佛經的記載，會有惡鬼假扮神佛、親屬，要帶病人走，如此會墮入惡鬼道，所以不可輕易跟隨。此時需要一心唸佛，才能安心安全，如此因爲善意的景象，只會跟著佛號走。

第四節　往生後親人應有的戒律

臨終者往生後，親人應有如何認知？地藏經內，對此有很完整的說明。

事實上，在《地藏經》內，佛陀還曾特別說明地藏本身的因果功德，並且以此說明，應如何超度親人亡靈。在《地藏經》內，文殊菩薩先問佛陀，地藏因地作何行、立何願，而能成就不思議事」，佛即告知此中因緣，並盛讚地藏王的功能：「若未來世，有善男子善女子聞是菩薩名字，或讚嘆、或瞻禮、或稱名、或供養，乃至彩畫刻鏤塑漆形象，是人當得返生於三十三天，永不墮惡道。」

佛並進一步說明：地藏王在久遠之前，身爲大長者之子，有一次看到佛相莊嚴，因而請問作何行願，才能得到此相，如來告之，「欲證此身，當須久遠度脫一切受苦衆生」；所以，他就發大願，「我令盡未來際，不可計劫，爲是罪苦六道衆生，廣生方便，盡令解脫，而我自身方成佛道。」

這就是地藏王的宏大悲願：他要度盡地獄所有亡魂，自己才肯成佛；也就是說，地獄中若有任何一個靈魂未能超度，他就誓不自行成佛！這種胸襟與悲心，便形成佛教超度生死的重大動力。

除此之外，佛陀也曾說明地藏王從前的因果。

從前有一個婆羅門女，「宿福深厚，衆所欽敬」，然而其母親卻因信邪，並經常輕視三寶，所以命終後魂墮地獄，該聖女爲孝女，「晝夜憶戀」，垂泣良久，後坐念「覺華定自在王如來」，一日一夜後，忽見自身到一海邊，有各種夜叉與惡獸爭食千萬男女，極爲恐怖。

婆羅門女因念佛力，自然不怕，便有一鬼王，名曰「無毒」來迎。婆羅門女問此是何處，無毒答稱此是「大鐵圍山，西面第一重海」；聖女再問，聽說「鐵圍之內，地獄在中，是否事實不?」無毒答稱「實有地獄」，並說明，凡「新死者，經四十九日後，無人繼嗣，爲作功德，救援苦難，生時又無善因，當據本業所成地獄，自然先渡此海。」

換句話說，無毒強調，如果在七七的四十九天內，新死之人未能得到家人助念超渡，然後本身生前又未做功德、善行，便只有下地獄，這就成爲佛教以「七七」作法事的根由。

聖女告知其父母親的名字後，無毒答以，因聖女「爲母設供修福，布施覺華定自在王如來塔象」，所以其母已經脫離地獄。言畢，鬼王合掌而退。婆羅門女夢醒後，便在如來塔象之新誓願，願盡未來劫，對應「有罪苦衆生，虛設方便，便會解脫」。

佛陀講完這段因果，告訴文殊菩薩，那時的鬼王菩薩，就是當今的財首菩薩，而那時的婆羅門女，就是地藏菩薩。

這段故事，充分證明地藏的大悲心願，也充分證明了因果輪迴的佛教教義特性，並且提醒衆生，對「七七」之內的法事應加重視，這對於臨終者的家庭，深具重大啓發。

根據《地藏經》、《西藏度亡經》等佛教經典，病人斷氣之後，仍然有知覺存在，通常會停留十二個小時；十二個小時之後，身體才會逐漸冰冷，因此在這十二個小時之內，家屬有一定的戒律要守：

1、家屬要趕緊唸佛，或請助唸團幫忙助唸。助唸，代表補助唸佛，在這十二小時之內，要持續不斷的唸佛，親屬則要陪伴在旁。八小時之後再去忙辦後事。但千萬記住，病人死後不要讓其移動，不要立刻送進冰庫，因為這樣，會使靈魂好像在地獄般的寒冷。

2、因為由親人幫忙助唸的效果更好，而且可以迴向功德，所以應儘量由親人誦念。

3、切記不要觸摸、搬動往生者身體，若萬不得已要移動身體，就應在旁邊大聲唸佛，以安撫靈魂。而且注意，不要讓蚊子、蒼蠅等昆蟲爬上死者的身上。

4、親人切記，不能哭泣，或將眼淚滴在死者身上。若實在沒有辦法避免，應請親人到旁邊，哭完之後再回到死者身邊助唸。因為，佛教認為，家屬的哭泣與淚水，都會轉化成往生路上的雷雨，親人也會使死者留戀不去，都會阻礙死者往生的路。換句話說，與其消極性的渲洩自己心情，不如積極的輔導亡靈。

5、不要立刻拜腳尾飯、燒冥紙。因為這是道教的作法，佛教並不作此主張。

6、避免有任何干擾的聲音，尤其不要在往生者身旁討論後事，因為往生者的靈魂正要出來，任何干擾的聲音，都會使死者靈魂無所適從，找不到往生的方向。

7、病人若在醫院病逝，不要立刻送入冰庫、打防腐劑。根據佛學的講法，因爲靈魂並未完全脫離肉體，若立刻送進冰庫，靈魂會有如進入寒冰地獄一般的寒冷。所以要儘量維持往生者，不做任何的不必要移動。

8、病逝十二小時以後，全身都冷透，兩個小時後才能幫往生者擦洗、換衣服。換衣服時，不要換新衣、新鞋，而是讓病人穿上生前喜歡的衣物。因爲佛教的觀點是，不要浪費，不要有損陰德。

9、若要將死者火葬，應在頭七之後。亦即避免在前七天影響中陰身的往生或成形。

另外，在佛經唯識學中還提到相關的「觀靈術」，至爲重要，並可作爲如何補強超渡的重大參考：「頂聖眼生天，人心餓鬼腹，旁生膝蓋離，地獄腳板出。」

換句話說，人在死後八小時後，觀察其身上最後還溫暖的部分，就可以知道其死後會落入輪迴中的哪一道裡。（1）若最後頭頂是熱的，那就是轉生到「聖人道」；（2）若最後眼睛是熱的，那麼他就是轉生到「天道」；（3）若最後肚子是熱的，那就是墮入了「餓鬼道」。（4）若最後膝蓋是熱的，即就是墮入了用四隻腳走路的「畜牲道」；（5）若最後是腳底板是熱的，那就是墮入到地獄裡了。

第五節　如何幫助往生者的靈魂

《地藏經》的〈利益存亡品第七〉中指出：

「臨命終時，父母眷屬，宜為設福，以資前路，或懸旛蓋及燃油燈，或轉讀尊經，或供養佛像及諸聖像，乃至念佛菩薩及辟支佛名字……如是眾罪悉皆消滅。」(14)

這就說明，根據佛經，家庭眷屬對臨終者可以透過很多人為努力，對其加持造福，同樣的，如果未知此理，也可能適得其反，為其造孽。

根據《地藏經》，如果男子女子「在生不修善因，多造眾罪」，那麼「命終之後，眷屬小大，為造福利，一切聖事，七分之中，其乃獲一，六分功德，生者自利」，代表家屬、生者所做的法事，除了部分為死者造福，更多的部分（七分之六）為自己能得利。

另外，《地藏經》也指出：「臨終之日，甚惡殺害，急召惡源。」因此，為了幫助往生者的靈魂，家屬與親人絕對不能吃葷，要吃素，就算是只有往生者本人信奉佛教，家屬不信，但為了往生者著想，在七七四十九天之內，家屬也要吃素，千萬不可以為了祭拜往生者而殺害生靈。

此即佛經所謂：「爾所殺害，乃至拜祭，無纖毫之力利於亡人，但節罪源轉生深重。」

另外，《地藏經》也說：「若能更為身死之後，七七日之內，廣召眾善，能使是諸眾生永離惡趣，得升人天，受勝妙樂，現在眷屬，利益無量。」這就是中國人爲什麼很重視七七的原因。

所以，根據佛經，親人如何幫助往生者的靈魂，歸納起來，應有後列的方法：

1、所有葬儀都要用素食拜祭。若是用殺生來拜祭，反而會增加亡者的罪孽。

2、家屬在四十九天之內都要吃素，代表對往生者的尊重與助唸。即使是出殯宴客，也要全用素食，否則都會使亡者罪孽深重。

3、《觀世音菩薩經》強調：「唸一句阿彌陀佛，能除八十一劫生死之罪。」這就是家屬應一直唸佛的原因。所以，家屬要天天唸佛，因爲唸佛不只幫助在陰界的人，也幫助在陽界的人。

4、在七七之內，親屬要守五戒；五戒就是：不殺生、不偷盜、不邪淫、不妄語、不飲酒。另外，在七七之內，夫妻之間也最好能停止房事，停止這種性慾。

5、對往生者生前的財物，應該要敬奉三寶，也就是「奉獻給廟宇、印經、放生或濟貧」。亦即將有形的財物分贈出去，甚至於捐獻出自己的身體，捐贈器官或提供給醫學院進行解剖，以造福世間人。

6、請法師在每個七做佛事，否則至少在頭七和尾七時，應要做佛事，念佛號。

7、趁著做佛事時，親人應該邀請更多的親朋好友參加。因爲這是一種精神上的修持，其中最好有講經的過程。

8、七七之內，應該要給往生者立牌位。除了每個七需要做法會之外，要在七七之內，於廟裡替亡靈立牌位，即便是已入土，也要立牌位祭祀。

第六節 靈魂往生後的情形

在佛經之中，對靈魂轉世的過程，敘述最明確，也最詳盡的著作，首推《西藏度亡經》（The Tibetan Book of the Dead），又稱《中陰得度》，是所有宗教中，唯一無二、最具特色的經典。這本著作成於西元第八、九世紀，由印度高僧蓮花生大士而所著，蓮花生大士為西藏佛教之鼻祖。後來由西方人類學者伊文斯．溫茲發現，在印度教得古抄本後，由牛津大學在一九二七年出版英文本。誠如艾利亞德所說：

「《度亡經》顯然是西方世界最廣為人知的西藏宗教書籍。這本於一九二八年英譯出版的書，尤其在一九六〇年之後，被相當多的年輕人視為一種枕邊書。這個現象對西洋的靈性史、精神史而言，具有重大的意義。《度亡經》是其他宗教文獻中無例可尋的典籍，意味深遠而且難解。」(15)

除了西元八世紀的古佛經外，崇嘎仁波切所著《西藏生死書》（Tibetan Book of Living and Dying）被稱為現代版《西藏度亡經》，一九九二年同時成為英、美兩地的暢銷書；一九九八年在台灣，也成爲暢銷書。其中精神與《度亡經》完全一脈相承，也深值參考。

《中陰得度》（即度亡經）的中心思想，一言以蔽之，是「爲死者引路的經典」；這本經典是從臨終開始誦讀，直到七七期間，每天不能間斷。

在本經典中，將死後的中陰身分成三個階段：

一是死後立即體驗的「臨終中陰」（亦即死亡瞬間的中陰）

二是死後經過四天（或三天半）開始的「實相中陰」（亦即心之本體中陰）

三是死後第二十二天開始的「投生中陰」（亦即再生的中陰）

根據本經典，七七的四十九天，代表「任何一位死者在這一段期間，都會輪迴轉世的期間。」尤其，西藏佛教認爲，「解脫的最大機會，是在死後瞬間」；因爲，此時的中陰身爲中性，最容易開悟。因此，《中陰得度》的功能，即在於使死者「避開再輪迴轉世之路，而得到解脫的經典。」

日本名作家三浦順子，在長期觀察西藏人的生死後，也特別指出：

「西藏人似乎認爲就死的瞬間，是連修行未達高層次的人，也能一躍昇天的時機；原因在於我們的心非常緊韌執著，在死的瞬間，自我的心會碎裂分散，由上往下逐漸崩潰瓦解。瞬間，我們潛藏的佛性本質就會自底層冒出，只要能加以把握，就能開悟。」（16）

所以，對西藏人而言，「死的瞬間是最佳的跳板。」

根據《中陰得度》，從臨終到死亡，靈魂在七七內的過程，可分出後列幾項重點：

首先，有第一道光明的體驗。

此即經中所說：

「在呼吸將止瞬間，是意識即將脫出之時。倘若無法脫離，就唸誦以下語句：『尊重的人啊！（喚名）終於到了去尋找應行之路的時刻。氣息一絕，立即如大師所示，根本之光明會在你面前顯現。這就是形成生命根源的法性，如宇宙般廣大，充滿光明的空間，無中心或邊界，爲純粹、還原的心。你要自覺到心的狀態，並在其中得到安寧。』」（17）

根據本經所述，在臨終者呼吸之前，要在其耳邊不斷重複，這句話使其內容深烙心中。

其次，則有第二道光明：

臨終者若能悟到上述第一道光明，就必定能解脫；若仍不能悟到，還會有第二道光明來臨，也就是在呼吸停止，過了比一餐飯稍久的時間之後來到。（18）

根據本經所述，往生者和生前一樣，此時仍可清楚看到親人聚集，也聽得見他們的哭聲；因而，趁著會引發狂亂的業力（karma）幻影尚未出現，對死神的恐懼尚未來襲時，應該授予導言。（19）換句話說，在死者尚未真正覺醒到已經死亡之前，先要對其開導：

「尊貴的人啊！請冥想你的伊達姆（yidam）護佑本尊。絕對不可以分心。就全神貫注地觀想伊達姆。觀想他沒有實體，如映在水中之月，不可想像他具有實體。」

在此引導之下，即使尚未自覺已死的人，應該也會開始自覺。

如果死者未能遵循此經，遭致中陰之旅失敗，就可能會墮入六道輪迴的三惡趣，亦即地獄、惡鬼與畜生道。

爲了防止這種情形，所以本經提醒亡靈：

「倘若你轉世爲動物，當可看見岩窟、地洞、茅草屋等被煙霧蒙上，你不能進入那裡面。倘若你轉世爲餓鬼，當可看見又黑又小的空地，如果你進到裡面去，就會重生爲餓鬼，因飢、渴而嘗到各種痛苦。所以，一步也不踏入地離開，絕對要反抗到底。倘若你轉世爲地獄界之物，那麼不是會有背負惡業者的歌聲入耳，就是會無法反抗地掉進去，或會感覺到自己進入到處有紅、黑屋子和黑洞的昏暗世界裡。到此地步，即是入了地獄界，將會受到冷、熱造成的難以忍受的痛苦，逃也逃不開。因此，絕對不可踏入其中，請小心注意，一步也不要進入。」(20)

如果亡靈能夠避開上述的邪途，經過第二道光明的指引，便能進入第三道光明。

此時死者雖然看得見親人，但親人看不見死者。死者聽得見親人呼喚名字，但親人聽不見他的聲音。因此，死得會很失望，加上業力幻影在此時會出現(21)；所以，誦經開導就更重要。

「尊貴的人啊！死來造訪你了。離開此世的人，並非只有你一人。誰都會死的，因此不可對此世抱持希望和執著；即使你有希望和執著，仍然不能留存在此世，你只能繼續生死輪迴，別無他法。不可有欲，不可執著。」

根據本經，第三道光明的轟隆聲響、色彩、光線，會令死者昏厥，然後亡靈在第四天醒來。由此開始的十四天，有七個幻影必定以強弱兩組光的方式出現。在第一週由充滿和平慈愛的寂靜尊主導，後七日則由呈恐怖夢魘的忿怒業出現。（22）此時就應對其誦經開悟：

「尊貴的人啊！歷經四天半的昏迷狀態之後，你已進入下一個中陰境相了。你在矇矓意識中醒來，當會思忖自己到底發生了什麼事？請認清是處於中陰的狀態中。此時輪迴之輪即將逆轉，映入你眼簾的一切，都具有光明和形態。」

體驗到這兩道光時，你當會屈從惡業之力，對強光心懷畏懼，而試圖逃離藍色光亮的佛界智光。

那是妨礙你前往解脫之道的路障，不可看它。應該去追求明亮的藍光。集中心力去觀想毗盧遮那如來，並跟著復誦以下禱詞：

「因無知之故，我在輪迴中流轉。於此佛界智光照耀的道之前，請毗盧遮那如來引導我，並願無上虛空佛母護佑於我之後。請助我渡過中陰險道，引導我進入佛境。」

當最初的幻影，毗盧遮那，亦即大日如來消失後，

第二天則換成金剛菩薩

第三天是寶生如來

第四天是阿彌陀佛如來

第五天是不空成就如來

密宗的五佛依序伴隨著光明出現。

死者的意識若能把心託於自諸佛心臟發出的強光，就可當場解脫。

根據本經所述，導師在實相中陰的指引，簡直就是在向死者教授高深專門的哲學。每一日陸續出現的五佛，均可比喻爲人所具有的多層意識的各個階層；修行者憑藉冥想和瑜伽技法，以求接近意識的根源。而這即是自表層的「識」轉爲深刻的「智」，正是佛教唯識宗所稱的「轉識成智」。

另外，根據本經內容，臨終後的光景，逐日如同後列所述。

第二天

「具純粹本質，集物質作用（色蘊）的白光，亦即白亮透明如鏡的英智（大圓鏡智）從金剛菩薩男女二尊的心臟發出，直向你逼近。那光強烈刺目，令你無法睜眼。」

第三天

「具純粹本質，集情感作用（受蘊）的黃光自寶生如來的心臟發出，直向你逼近，那是黃色輝燿的平等智慧（平等性智）。飾有光輪，光亮無暇，強烈得令你無法睜眼。」

「在第四天，有阿彌陀佛偕同諸神前來。但自欲望和卑劣而生的貪吝亡靈，亦放光引誘。」

第四天

此時應即誦經開導：

「尊貴的人們！請全神貫注地聆聽清楚。……阿彌陀佛當會在你面前出現。阿彌陀佛身體赤紅，手持蓮花，擁白衣佛母，坐於孔雀寶座上。被觀音菩薩和文殊菩薩兩位男菩薩，和持琴、持燈兩位女菩薩所包圍。共計六位菩提之身，從虹色天空中出現。」

第六天

「那麼，此五佛將自中央和東西南北方一齊顯現；所結合的四智亦爲招喚你而來，請認識之。」

此時應誦經：

「尊貴的人啊！上述佛境也並不存在於其他場所，而是在你自己的心中。」

「這些佛體非大非小，極爲勻稱整齊。他們各自獨有的裝飾、衣裝、顏色、姿勢，以及王位和標式。諸佛各偕其女尊，共計五對，各被五色光輪所包圍；因此，立即形成一個完整的大曼陀羅。請記著他們都是你的守護聖尊。」

此時並應誦經：

「尊貴的人啊！請誦唸：『五佛出於對我的憐憫，已前來攝護我，我當從中求得庇護。』你不可受到輪迴六道所射之光的誘引。只要集中心力於五佛和其妃身上，並誦唸靈感禱言。『受五毒所惑，我轉生於迷惘境，在輪迴中徘徊，此際望五方征服佛父，引導我朝向四智契合之光道；並願佛妃庇護於我身後，救我脫離不淨之六道世界射出的光道，助我度過中陰險道，安往五方清淨佛土。』

如此祈禱之後，能力優秀者，將領悟到這些幻影爲自身的投影，而與之溶爲一體得道成佛。」

第七天

終於到了和平幻影的最後一天。此時應誦經：

「對尊貴的人啊！你與生俱來的智光呈五色輝耀，如絲線撚合閃爍，令人摒息、震顫。自五位持明主尊之心臟射出，直穿你心，令你無法逼視。同時，來自畜生道的綠色微光也會隨著智光出現；此時，你當會無意識地懼怕而逃離五色光，受到畜生道的微光所吸引。但是，你不可畏懼明亮、銳利的五色光，不要怕，要記著那是智慧。」

以上爲《中陰得度》的「臨終中陰」和「實相中陰」的部分。

到了第八天，應誦經：

「尊貴的人啊！請務必專心傾聽。雖然寂靜尊中陰已經顯現，你卻無法認清，以致徘徊至今。

現在第八天，大吉祥赫怒加佛將自你的頭腦中顯現，在你的面前明確現身。」

第九天

第九天之後，每天都會有來自西方的男女兩尊，以忿怒尊的恐怖姿態出現。此處清楚記載著，忿怒尊並非出自外部，而是從自己的腦海裡出現。

「所謂實相中陰（窺視現實世界，中有bar-do）可直接用來說明在此面對的問題，就是如何區分現象界的短暫之相與永遠之相。依軍荼利體系而言，從第七脈輪降到第六脈輪，再沿路到相當於煉獄的第五脈輪，必須經驗種種的洗練，這種即是喉輪。在第十四天的期間，會有七個幻影成對陸續出現。」

第十三天

與寂靜尊幻影之後的情形相同，在忿怒尊的最後兩天，各種忿怒尊排成恐怖的曼陀羅模樣出現。

第十四天

終於到了忿怒尊幻影的最後一日，二十位赫怒加神群和二十八位倚修瓦利（持鳥或動物的頭，拿著各式武器的吃人妖怪）一齊登場。這種細緻、充滿奇想的世界，令人聯想起十五世紀的幻想畫家喜耶羅寧斯・伯斯那幅惡夢似的作品「快樂之園」（The garden of delights）。

此時應誦經：

「尊貴的人啊！從你的腦海東部，產生的六位瑜祇尼會在你的面前現身。她們是手持金剛杵的暗褐色犁牛頭羅刹女神、手持蓮花的橙紅色蛇頭梵天女神、手持三叉戟的墨綠色豹頭偉大女神、手持法輪的藍色貓鼬頭貪慾女神、手持短矛的紅色熊頭貞女神，以及手持腸索的白色熊頭的帝釋女神。不可懼怕。」

在實相中陰的最後，出現了藏民信仰中司掌死後世界的神，即最爲人所害怕的閻羅王。

「尊貴的人啊！倘若你無法自覺，你會將所有啜面的神佛看成閻羅王，而覺得恐懼、驚惶而昏厥。你自身的投影會變形爲惡鬼，以致淪落在輪迴裡；但是，如果你不受誇惑、不感畏懼，就不會淪落在輪迴之中。

尊貴的人啊！這些寂靜尊和忿怒尊，身體巨大者有如天空一般大，中體型者有如須彌山一般大，最小的也有我們身體的十八倍大，但是千萬不能畏懼他們。現象世界的一切均以光之幻影顯現。你應該記住，所有顯現出來的一切，都是從你的內心自然發出的光明；如此一來，你自身的光明就無法離開這些光與幻影，進而混合爲一，你就成佛了。」

根據本經，閻羅王在實相中陰的最後瞬間出現，是中陰的大轉捩點。在這之前的中陰都是以死者開悟解脫爲著眼，但是這一天起，就展開了轉世的「投生中陰」，進入重複輪迴之道。

本經內容強調，在此通往解脫或轉生的叉路上，判決將會頒下。據書中記載，閻羅王手中拿著記錄死者善惡業行的簿子；但是仔細一讀，將可發現這與基督教的最後審判不同。閻羅王身為局外人，並不判死者；實際上裁判死者的是死者本身的意識。

換言之，《中陰得度》是面對死者敘述「空」，說明看起來實際存在的世界，也完全是因意識形成的虛空。無知、恐懼或可怕的情感，都是出自自己身意識中的「魔」；因此，不論任何現象，都有基本的光明和佛性。只要體認到自我意識中光輝的一剎那，即可「完全成佛」。

因此，《中陰得度》藉著陰柔之佛與恐怖之佛交錯的幻影，不斷地述說著：「佛甚至就在你的心中。能救贖自己者，唯有自己本身。」

第七節　從佛經故事看生死輪迴

佛教經典浩瀚如海，內容博大思精，很多並非芸芸眾生所能領悟，所以佛經除了印行很多通俗淺顯的單行本外，還有不少通俗的故事或神蹟，對民眾影響更為深遠。今特就生死觀部分，舉其重要的數則，用作參考。

第一則，在《大莊嚴論經》第三卷中，有關難陀國王的故事，名為「帶不走的財富」。（23）

難陀是個很貪財的國王，專心於各種斂財，甚至不惜以女兒為工具，詔示民眾只要有錢，即可見其女兒。

有個寡母，因其兒子急於見公主，但又沒有金錢，以致急出病來。其寡母擔心之餘，想起她亡夫逝世時，嘴上銜有一枚金幣，所以叫其兒子掘墳之後，以此金幣求見公主。

國王知道此事之後，心中百感交集，因爲他本來以爲，斂盡各界金錢，可以足夠來世使用，沒有想到，人生過世之後，連一枚金幣都拿不走，怎麼能拿那麼多錢呢？

國王領悟之後，便毅然將庫中金錢，全部散發民眾，從此全民幸福，國王也因此得了福報。

相傳凱撒大帝臨終前，遺命蓋棺之前，要先將其兩手張開於棺材外，以便讓眾人領悟，即使顯赫如凱撒，死後也是兩手空空，什麼東西都帶不走。此中相通之處，深值世人省思。

第二則，在《大莊嚴論經》第十三中，有關「香身」之故事，也很發深省。（24）

波斯匿王前往佛陀處拜謁，忽聞一種奇異的香味，勝似天香。波斯匿王問何處而來，佛陀用手向地面一指，立刻呈現很奇異的一根骨頭，長度約五丈，就是由此發出異香。

佛陀並且說明，迦葉佛涅槃後，迦翅國王建造很高大的大寶塔存放其舍利，並命國人將所有的鮮花供給佛塔。

結果有個年輕人，因爲迷戀一個妓女，想送束花給她，竟然潛入佛塔偷花，結果全身生滿爛瘡，而且臭味難聞，愈來愈嚴重。家人焦急得很，到處請醫生。這個年輕人心中有數，只好坦承實情，並且指出病從心起，不是身體的病。

因此，這個年輕人要求家人把他抬到佛塔處，一心誦念「迦葉如來三藐三菩提」，並把所有家中檀香料再奉獻給佛塔，果然身上爛瘡慢慢癒合，甚至身上更有奇香。後來證成「辟支佛道」，奇香正是由此佛骨所生。

這個故事，前半段猶如摩西顯示神蹟，在地上顯示手杖，只是後半段明顯寓有佛教特有的因果教義，並提醒世人注意報應顯靈，深具教化與警世作用。

第三則，在《雜譬喻經》中，有篇〈有眼不識文殊〉，很有啓發性。(25)

《地藏經》文殊在中國佛教中，以智慧著稱，與普賢、觀音、地藏，併稱中國四大菩薩。

有位居士想見到文殊，所以選擇了一個吉日，大設飲食布施，並且擺設一個高大的座椅，放在首位，等候文殊菩薩。

結果，宴會開始之後，竟然有個又髒又醜的老人，大模大樣的走向高椅，並且旁若無人般坐了上去；這位居士看了很生氣，立刻把他趕下來。老人被趕之後，再坐上去，又被趕下來，總共有七次。

等宴會結束後，這居士到佛寺點燈燒香，再次誠懇拜祭，希望能早日見到文殊。

結果，當天晚間居士就夢到一個聲音對他說：「你怎麼有眼不識文殊呢？今天你已經趕走文殊七次了！文殊菩薩之道，就在平等心，所以他特別去測驗你是否能用平等心待人，你這樣勢利眼，怎麼能見到文殊菩薩呢？」

這個故事的重心，就在強調「眾生平等」的真諦，唯有具備這種平等心，才能領悟善知識，並能進一步看出生死也平等。連生死都能用平等心看破，更何況對貧窮勢利呢？此中真諦，的確深具啓發性。

第四則，在《雜譬喻經》中，有篇〈死牛喻〉，對生死之間的比喻，很有深意。（26）

從前有位賢者，一生信佛，後患重病，不治而亡。其妻極爲哀痛，久久不能自拔，經常放很多美食上供。

賢者在天上看到這情景，覺得太過愚痴，也深感憐憫。所以，就化成牧童，到田間餵牛；忽然間牛猝然倒地而死，牧童頓時大哭，並且仍然餵牛吃草，引起很多人圍觀，並且笑他太傻，牛都已死，怎能再餵？何必太傷心？此時，賢者的妻子、孩子也聞訊而至。

這個牧童就回答說，他才不傻，牛雖死了，但起碼還看得見牛；然而，這位賢者早就死了，遺骨都埋地下了，妻子還要供奉，還這麼傷心，難道死者枯骨能有知嗎？

眾人覺得很有道理，此時牧童就化成原身，告訴他的妻子與小孩，因爲敬佛而升了天，特來解救他們走出悲情，並且希望他的妻子和孩子，也能精誠信佛，就能得到善果。說完之後，便不見了。其妻子和孩子聽了之後，終於擺脫了哀慟，並且精誠修佛與布施，後來也都得到善終而上天了。

這個故事，也很清楚的提醒人們，應早日脫離消沈與悲情，並且更積極的修佛與布施，才是紀念先人的正道。

第五則，在《六度集經》中，有篇〈報恩七日〉，很有啓發性。（27）

這個故事指出，佛在做菩薩的時候，有次靜心修道，忽然衣服裡面跑進一隻虱子，佛抓到了這虱子，但心生悲憫，並沒有捏死，而是輕輕放在旁邊枯骨上。

結果，虱子飽飽的在枯骨上吃了七日，七日之後，虱子也壽終了。

經過多世之後，菩薩修成了佛，有次率弟子傳教，卻碰到大雪，在大雪中，根本沒有任何人家。此時，忽然看到一座大院，有位長者等候布施，並且爲佛及眾弟子提供了整整七天的供養。

第七天快結束，大雪仍未停，佛堅持應離去。等回到僧舍，弟子仍感不解。佛便差阿難回到原大宅，結果連僕人都態度傲慢，判若二人。

阿難便問世尊，何以會如此？佛陀回答，因爲，這原是當年虱子成了長者，所以盡心報七日之恩；等七日之後，報恩心意已經了結，自然沒有原來態度。眾弟子才恍然。

這個故事，再度顯示佛教的輪迴說與因果論，提醒世人，有生之年，應該兢兢業業，愛護眾生；即使對小生命，如虱子，也要有悲憫之心，才能種善因、結善果。此中深義的確深具教化功能。

第六則，在《出曜經》卷二，有則〈在劫難逃〉的故事，非常發人深省。(28)

從前有四兄弟，修得神通之後，預知大限將至，只剩七天，都將命終。他們四人彼此商議，既然均懂神通，便想逃到天涯海角，以便躲過小鬼。因此先向國王辭行，隨即依計畫分別逃走。

結果七日之後，國王陸續接到回報，先稱有人猝死，後稱有人落地身亡，均爲在劫難逃。

佛陀在此時，以道眼觀得一切，知道世人都如同這四兄弟，希望能盡量求生逃死。然而，命中劫運絕不可逃，只有修得無上智慧，才能從根解脫。

所以，佛以此事爲例，告訴眾弟子，並告誡大家，要使後世眾生明此道理，只有努力使佛教正法久存於世。」

這個故事，也明確顯示佛教的信念：因果輪迴，在劫難逃；因而，只有努力修道行善，並且領悟佛理，看破生死，才能真正解脫。此中寓意，的確深值重視。

第七則，見於《大莊嚴論經》卷十，名為「吉祥之相」。（29）

某一天，有位比丘到朋友家訪問，恰巧遇到他在裝扮。等到裝扮完了，他就問裝扮用意何在？

朋友說，這是一種「吉祥之相」，當然爲了得福報，使應死之人不死。

比丘就問，各種用具從那裡來？

朋友先說，像這「牛黃」，出自牛的心肺之間東西，很難得。

比丘便問，如果這能帶來吉利不死，何以牛本身仍被宰殺？

朋友又說，頭上頂的海貝，是在大海之中，非常難得。

比丘便問，它要在海中才能活，如此乾枯之空殼，自己都不能保，怎能保你吉利？

朋友此時頓然有所領悟，便問比丘對福禍的看法爲何？

比丘此時回答，世間一切福禍都由因果。沒有福德、不行善業的人，即使裝成吉相也是罔然；反之，若是智者，遠離禍害，斷除惡行，本身就能吉祥。所以說，勤修善行，就是安處吉祥之用，堅持善行，就會獲得福利回報。

這篇對話，很清楚說明了，佛教反對只作表面工夫，而應切實行善；唯有行善，種了善因，才能真正得福吉祥。本文內容，既具雄辯性，也具說服力，深值重視與參考。

第八則，見於《大莊嚴論經》卷三，名為〈人之貴賤〉。（30）

印度有位阿育王，爲孔雀王朝之名君，他篤敬三寶，相信眾生平等，因而對於印度傳統的階級制度，深不以爲然。

有位大臣名叫鄢賒，見阿育王禮遇比丘，深感不滿，便稱他們都是出身低賤，不應禮遇。阿育王爲對其開導，便想了個妙法。

阿育王先叫所有大臣，找到各種動物的頭，到市場上去賣。等叫到鄢賒時，特別吩咐他，找一個自然死亡的人頭去賣。

結果，所有其他動物的頭，很快都賣完了，只有鄢賒，因爲賣的是人頭，非但賣不掉，還遭到很多民眾斥責殘暴。

因此，阿育王問他，爲什麼大家都嫌惡人頭？

鄢賒回答，因爲大家覺得很噁心。

此時，阿育王進入主題：只有這人頭噁心嗎？

鄢賒回答：所有人頭都令人噁心。

阿育王再問：包括我的頭也噁心嗎？

鄢賒雖然恐慌，仍然只好實說，的確噁心，因爲「人頭不分貴賤」。

這時阿育王就點出結論：既然所有人頭都不分貴賤，爲什麼要岐視別人呢？

這篇文章深具哲理，提醒眾生，一切萬物皆平等，不能強分貴賤。由此觀之，對眾生也應一視同仁，對於生死，也應平常心相對，的確發人深省。

第九則，就是目連救母的故事。（31）

從前，目連尊者有一天打坐時，突然想起親生母親，他因爲有神通，入定後看到母親墮入地獄中，身處惡鬼道，非常難過。

雖然，目連用神通變出飯與水，但母親一接手，瞬間水就乾了，飯也成了焦炭。目連無奈，只有向佛陀求助。

佛陀說，因目連母親生前貪別人財，且有恨心，又經常會誹謗，造了貪、瞋、痴的惡業，使她無法得救。只有靠眾多高僧，共同祝福，一起回向。目連因爲很有孝心，便向多位比丘頂禮請求。

佛陀爲其孝心感動，再告訴他，爲了對其母親造福，應在（農曆）七月十五日，舉行供僧以廣結佛緣。唯有這樣，才能轉化其他業障。

果然，目連於農曆七月十五日豐盛供養之後，從空中看到很莊嚴的一位夫人，由遠處飄然而來，即其母親，說明已經超脫「惡鬼道」，要往生「天道」了。

誠如證嚴法師所說，目連尊者的故事，代表「孝心」與「感恩心」的表現，可以感動佛陀，結合眾僧，克服萬難，以救助母親，這種精神，至今仍充滿啓發意義。

第十則，在佛陀時代，有則〈餓鬼與天人〉的故事，同樣代表佛教因果報應與輪迴的觀念，情節與目連相似，但啓發又有所不同。（32）

相傳佛陀時代，有位長者的年輕兒子常去聽經，心中非常喜歡，但他母親卻很反對，只望他能多賺錢。

這個兒子也很孝順，做生意賺了很多錢，都交給他母親。但他母親卻很吝嗇，對和尚托缽從不佈施，甚至將出家人與乞丐都罵走。她把所有金銀都藏在房子四周地窖，一直到過世都不肯作功德。

在母親往生後，這個兒子跟著佛陀近十年，後來找到一處草屋進修。

有一天，忽然來了位老太太，全身像火燒過，非常難看，衣衫也很骯髒，哭啼不已。這個兒子出來問她怎麼回事。這位老太太說，她就是母親，廿年前阻止他聽經，又很吝於作功德，以致墮入惡鬼道，只有靠他大力幫忙才能解脫。

他兒子立刻問，應如何幫助她？這母親才說出房子四周地窖，埋了很多金銀，一定要能挖出來佈施造福，她才能夠得救。

這位兒子聽了以後，立刻照辦，在七七之內完全佈施出去。結果在第十九天晚上，看到他母親，穿著乾淨的白衣向其道謝，並說託他兒子之福，可以往生天道了。

證嚴法師對這故事評論，是警惕現代眾生平日財物應「取諸社會、關懷社會」，的確深值眾人重視，尤其深值很多貪財守財的大金牛警惕。

第十一則，是佛陀自述其因果的「雙頭鳥」故事。（33）

佛陀有位堂弟，名為提婆遠多，同樣是佛弟子，但卻經常和佛陀作對，甚至恩將仇報，所以很多比丘問佛陀，到底怎麼回事。

佛陀就說，這是很無奈的事，並講了「雙頭鳥」這因緣。他說，從前有對雙頭鳥，其中一個很貪睡，所以經常是另一個清醒的。

有一天，當貪睡的頭沉睡後，突然起風，把一個香果吹落於地，因為落到清醒的頭身邊，牠不忍叫醒另一個頭，就獨自吃掉了。誰料另一頭醒後知道了，心中很不高興，就想一定要報復。

經過一段日子，貪睡的頭叫另一頭先睡，結果，樹上也掉了一個果子，然而卻是有毒的果子，但貪睡的頭心想，要死兩個一起死也好，仍然照吃不誤！

佛陀這時指出，「那貪睡的頭是多年之前的提婆遠多，而常保持清醒守護的頭，就是我啊！

雖然我引導提婆遠多修法，但他心中的這股嗔恨，還是永遠存在。」(34)

所以證嚴法師在此提醒世人，「修法最重要的是自己」，否則「即使身爲雙頭鳥，同一個身體，也還是有報復、殘害對方的惡念」。這個故事，一方面說明因果輪迴，另一方面更提醒眾生，只有自己發心立願，才能真正伏魔，否則連佛陀都覺無奈。

第十二則，也是佛陀自述其因果的「彌陀利的榮果」。(35)

這個故事敘述，佛陀在世時，也曾遭遇很多困難，其中最讓他難忘的，就是彌陀利誹謗的故事。

彌陀利是個風塵女子，聽到很多人追隨佛陀，其中又有很多她所喜歡、或倚靠的人，所以心中對佛非常不滿。外道人就想利用她去引誘佛陀弟子。

但因佛陀弟子不爲所動，所以彌陀利就用惡毒辦法，假裝與佛陀弟子懷孕，然後到處造謠，等到時間一久，無法僞裝，外道人竟然將她殺死，然後嫁禍給佛門弟子！事情愈鬧愈大，終於傳到國王耳中。國王立刻命令徹查，幸虧真相大白，佛門才未受影響。

很多當初傳布謠言的人後悔之餘，去向佛陀認錯，請求原諒。

佛陀這時就說：「不怪你們，只悟自己曾造如是因，才有如是果。」

然後，佛陀就解釋，很久很久以前，有位風塵女子與一個商人結識，兩人相約在郊外散步，走到一個辟支佛所建的空茅屋。後因兩人發生口角，商人竟將女子殺死，並將她埋在茅棚附近。當時謠傳四起，說是被辟支佛所殺，國王傳令將他處死。這商人覺得心中不安，出面自首，國王才放了辟支佛，而將商人處死。

佛此時說道：「那位女子就是現在的彌陀利，而商人就是過去的我。」

佛並提醒世人：「這是過去無數世以前，我在凡夫地時所造的殺因惡業，使我生生世世都與彌陀利相遇，凡是我有成就之時，就是她誹謗我的時刻。這是如是因、如是果、如是報。」這個佛陀親身因果報應的故事，非常令人深省警惕。誠如證嚴法師所說：佛陀這遭遇在告訴我們「善惡果報需自己承受」；因爲，自己所遭受的一切，與過去可能都有因緣。

上述因果故事，可能有人從現在科學家的觀念斥爲純爲迷信，然而耶魯大學醫生魏斯（B. Weiss）在其名著《前世今生》（Many Lives, Many Masters）中，卻提供了很多重要的科學根據，非常值得重視與參考，對於心理治療法，同樣很有幫助。(36)

魏斯博士的《前世今生》，吸引了中外無數讀者的重視，曾經高居美國排行榜十大暢銷書連續兩年之久，其中譯文也高居台灣排行榜第一名兩年之久，主要就是因爲，他從心理治療的科學例證，找出了輪迴與因果的重要根據。

本書作者於一九七〇年拿到耶魯大學醫學博士，分別在紐約大學、耶魯大學、匹茲堡大學、邁阿密大學工作或任教。從一九八〇年起，他針對一位年輕女子凱瑟琳的病症，花了十八個月作作傳統心理治療，當一無所獲後，嚐試用催眠法。

結果因爲催眠過頭，凱瑟琳居然越過「今生」，跑到「前世」，在催眠中，用各種語言講出她的種種前世：她曾經是奴隸，曾經是飛行員，曾經是水手……等等，前後至少說了八十六次。她從前很多身邊熟人，在今生也會出現，只是關係不同；而今生很多病症，均由前世的業障所造成。

魏斯對凱瑟琳的案子，一直不敢發表，因爲深恐被稱爲迷信。等到結束四年之後，魏斯才有勇氣出版。因爲他思前想後，最後覺得已經顧不了一生的毀譽，最重要的事，是要把這些訊息與世人分享，如果世人能因此受益，那個人的事業又算什麼？

這本書的副題是「生命輪迴的前世療法」，深受各界重視；另外，他也曾再出版「生命輪迴—超越時空的前世療法」，頗多啓發。世人對其內容，縱然見仁見智，但這種從科學訓練印證生命輪迴的努力，未來將仍是深值重視與關心的重要課題。

【註釋】

(1)索甲仁波切著，鄭振煌譯：《西藏生死書》（台北：張老師出版社，1996年），頁140。

(2)《星雲法師演講錄》（台北：佛光出版社，1998年），頁11。

(3)《西藏生死書》，頁141。

(4)河邑厚德．林由香里著，李毓昭譯：《大轉世—西藏度亡經》（台北：方智出版社，1995年初版），頁51。

(5)柏拉圖，《斐都》。

(6)《星雲法師演講錄》，頁13。

(7)《西藏度亡經》，頁36。

(8)傅偉勳：《死亡的尊嚴與生命的尊嚴》（台北：正中書局，2000年），頁12，18。

(9)《西藏度亡經》，頁19。

(10)同上，頁37。

(11)法界佛教總會：《地獄不空—宣化上人經典開示選輯（三）》（台北：自刊，1988年初版），頁11。

⑿同上，頁412-416。

⒀《西藏生死書》，頁284。

⒁《地藏經》。

⒂《西藏度亡經》。

⒃同上。

⒄同上。

⒅同上，頁59。

⒆同上，頁60。

⒇同上，頁83。

(21)同上，頁97。

(22)同上，頁99。

(23)《大莊嚴論經》。

(24)同上。

(25)《雜譬喻經》。

(26)同上。

㉗《六度集經》。

㉘《出曜經》。

㉙《大莊嚴論經》，卷10。

㉚同上。

㉛《佛經中的故事》。

㉜同上。

㉝同上。

㉞《證嚴法師說佛經故事》（台北，1998年），頁223。

㉟同上。

㊱B. Weiss, "Many Lives, Many Masters"，中譯由台北張老師出版社，1998年，序言。

【附錄】

本書作者出版作品目錄

1. 《易經之生命哲學》，民國六十三年，台北天下圖書公司。
2. 《青年與國難》，民國六十三年，台北先知出版社。
3. 《哲學與現代世界》，民國六十四年，台北先知出版社。
4. 《文化哲學面面觀》，民國六十五年，台北先知出版社。
5. 《華夏集》，民國六十六年，台北先知出版社。
6. 《孔子與馬克斯對「人」的觀念比較研究》，民國六十七年，英文版，美國波士頓大學博士論文，後由東海大學出版。
7. 《哲學與國運》，民國六十八年，台北問學出版社。
8. 《中國人的人生觀》，民國六十九年，中譯本，台北幼獅公司。
9. 《從哲學看國運》，民國六十九年，國防部印行。
10. 《新馬克斯主義批判》，民國七十年，台北黎明公司。
11. 《三民主義研究》，民國七十一年，（合著本），台北政大公企中心印行，中央文物供應社出版。
12. 《中國哲學與三民主義》，民國七十二年，台北時報文化出版公司。
13. 《蕭毅虹作品選》，民國七十三年（主編），絲路出版社。

14.《中國哲學的現代意義》，民國七十四年，（英文本），東海大學出版。
15.《民族精神論叢》，民國七十五年，台北黎明公司。
16.《「蓬萊島」誹謗案大公開》，民國七十五年，龔維智律師編印。
17.《超越新馬克斯主義》，民國七十六年，台北嵩山出版社。
18.《國父思想之理論與實踐》，民國七十七年，（合著本），大海文化公司。
19.《丹心集》，民國七十七年，台北黎明公司。
20.《蔣經國先生的思想與精神》，民國七十八年，台北黎明公司。
21.《中國古代美學思想》，民國七十八年，台北學生書局。
22.《環境倫理學──中西環保哲學比較研究》，民國七十九年，台北學生書局。
23.《天人合一》，民國八十年，國家文藝基金會印行。
24.《蔣中正先生思想研究》，民國八十一年，黎明公司印行。
25.《中國文化哲學》，民國八十二年，台北學生書局。
26.《誰誤解了李總統？》，民國八十三年，國是評論雜誌社。
27.《李總統叛國心跡》，民國八十四年，國是評論雜誌社。
28.《中國管理哲學及其現代應用》，民國八十五年，學生書局。
29.《中國傳統哲學與現代管理》，一九九七年，山東大學出版社。
30.《李登輝民主嗎？》，民國八十七年，國是評論雜誌社。
31.《反台獨漫畫集》，民國八十八年，自印本。

32.《中西生死哲學》，民國八十九年，博揚出版社。
33.《兩性之哲學》，民國九十年，博揚出版社。
34.《生活哲學兩種》，二〇〇二年，北京大學出版社。
35.《曾文惠案追追追》，二〇〇三年，自印本。
36.《先室蕭毅虹紀念文集》，民國九十二年，（主編）四冊，自印本。
37.《反獨促統畫集》，民國九十三年，自印本。
38.《忍辱》，民國九十三年，自印本。
39.《愈挫才能愈勇》，民國九十三年，自印本。
40.《生氣不如爭氣》，民國九十三年，自印本。
41.《悲憤不如發憤》，民國九十四年，國是評論雜誌社。
42.《自助才能天助》，民國九十四年，國是評論雜誌社（待印中）。
43.《中國政治哲學》，民國九十五年，學生書局（待印中）。
44.《兩岸新儒家哲學研究》，民國九十五年，學生書局（待印中）。
45.《新統獨論戰》，民國九十五年，國是評論雜誌社（待印中）。

國家圖書館出版品預行編目資料

中西生死哲學

馮滬祥著. – 初版. – 臺北市：臺灣學生，
2005 [民 94]
面；公分

ISBN 957-15-1271-0 (平裝)

1. 生死觀

191.9　　94017037

中西生死哲學（全一冊）

著作者：馮滬祥
出版者：臺灣學生書局有限公司
發行人：盧保宏
發行所：臺灣學生書局有限公司
臺北市和平東路一段一九八號
郵政劃撥戶：○○○二四六六八號
電話：(○二)二三六三四一五六
傳真：(○二)二三六三六三三四
E-mail:student.book@msa.hinet.net
http://www.studentbooks.com.tw

本書局登記證字號：行政院新聞局局版北市業字第玖捌壹號

印刷所：長欣彩色印刷公司
中和市永和路三六三巷四二號
電話：二二二六八八五三

定價：平裝新臺幣二六○元

西元二○○五年九月初版

19111

ISBN 957-15-1271-0 (平裝)